AI 코스웨어와 초등 교육

인공지능총서

인공지능 시대입니다. 기계가 인간의 인지를 대신하고, 사물이 인간을 통하지 않고 다른 사물과 직접 커뮤니케이션합니다. 이에 따른 인간 삶과 문명 변화를 정확히 이해·예측·대응하는 것은 이 시대 우리 모두의 과제입니다. 인공지능총서는 인공지능 기술과 환경의 여러 주제를 10가지 키워드로 정리합니다. 관련 개념과 이론, 학계와 산업계의 쟁점, 우리 일상의 변화를 다룹니다. 인간과 기술의 현재, 미래를 세심히 분석합니다.

일러두기

- 인명, 작품명, 저서명, 개념어 등은 한글과 함께 괄호 안에 해당 국가의 원어를 병기했습니다.
- 외래어 표기는 현행 어문규정의 외래어표기법을 따랐습니다.

처음이세요?

전문가세요?

AI 코스웨어와 초등 교육

최우현·최철웅·맹준오·김가람·김관태·심원지

대한민국, 서울, 커뮤니케이션북스, 2025

AI 코스웨어와 초등 교육

지은이 최우현·최철웅·맹준오·김가람·김관태·심원지
펴낸이 박영률

초판 1쇄 펴낸날 2025년 9월 15일

커뮤니케이션북스(주)
출판 등록 2007년 8월 17일 제313-2007-000166호
02880 서울시 성북구 성북로 5-11
전화(02) 7474 001, 팩스(02) 736 5047
commbooks@commbooks.com
www.commbooks.com

ISBN 979-11-430-0786-5 03500

책값은 뒤표지에 표시되어 있습니다.

차례

AI, 교실의 문을 두드리다: 초등 교육의 새로운 지평을 열며

인류는 지금 거대한 전환의 물결 속에 있다. 인공지능(Artificial Intelligence, AI) 기술의 발전은 사회 전반의 패러다임을 송두리째 흔들고 있으며, 교육 분야 또한 예외는 아니다. 우리는 불과 몇 년 전까지만 해도 상상하기 어려웠던 기술적 진보를 학교 현장에서 경험하고 있다. 과거의 교육이 교사가 지식을 전달하고 학생들이 이를 수동적으로 받아들이는 획일적인 암기 위주의 학습을 중요시했다면, 최근의 교육은 학습자 개개인의 고유한 특성과 잠재력을 존중하고, 스스로 배우며 성장할 수 있도록 학생 개별 맞춤형 학습으로 교육의 방향이 전환되고 있다. 이러한 교육적 변화의 중심에 바로 AI 코스웨어(AI Courseware)가 있다.

《AI 코스웨어와 초등 교육》은 단순히 새로운 기술을 교실에 도입하는 것을 넘어, AI 코스웨어가 초등 교육 현장에 가져올 수업 혁신의 실제와 가능성을 깊이 있게 들여다본다. 그리고 이 과정에서 우리가 마주하는 과제와 기회는 무엇인지를 함께 탐색하고자 한다. AI는 더 이상 상상 속 미래가 아니라, 이미 우리 아이들의 교실에 찾아와 새로운 배움의 지평을 열고 있다. 과거에는 1:1 맞춤형 교육을 이상적인 교육의 형태로만 여겼지만, 이제 AI 코스웨어를 통해 학생 개개인의 학습 데이터를 실시간으로 분석하여 개인 맞춤형 콘텐츠를 제공할 수 있다. AI 기반 학습 도구는 즉각적인 피드백을 통해 학습 결손을 보완하며, 나아가 학생들이 자기 주도적으로 학습하고 자신의 잠재력을 최대한 발휘할 수 있도록 돕는 강력한 도구로 자리매김하고 있다. 이러한 기술적 진보는 교사의 역할에도 중대한 변화를 불러온다. 교사는 AI가 제공하는 학습 분석 데이터를 활용하여 학생의 성장을 섬세하게 돕는 학습 설계자이자 촉진자, 그리고 아이들의 정서적 안정과 사회성 발달을 멘토의 임무를 수행해야 한다. 이 책은 바로 이러한 시대적 요구에 응답하고자, AI 코스웨어를 통한 초등 교육의 새로운 방향을 모색하기 위해 기획되었다.

AI 시대, 초등 교육의 새로운 길을 묻다

AI 기술은 이미 우리의 일상생활과 사회 곳곳에 깊숙이 스며들어 우리의 삶을 여러모로 변화시키고 있다. 이러한 거대한 변화의 흐름 속에서 교육이 발맞추지 못한다면, 우리 아이들은 급변하는 미래 사회에 필요한 핵심 역량을 제대로 갖추지 못하게 될 것이다. 특히 초등학교 시기는 아이들이 학습에 대한 긍정적인 태도를 형성하고, 기본적인 학습 습관을 형성하는 데 결정적인 역할을 한다. 또한 읽기 · 쓰기 · 셈하기와 같은 기초 학업 능력을 탄탄히 다지고, 나아가 사회성과 정서적 안정감을 기르는 매우 중요한 시기다. 이 시기에 AI 코스웨어를 통한 개별 맞춤형 학습 경험과 AI 기술을 접하는 것은 아이들의 잠재력을 최대한 끌어올리고, 학습에 대한 흥미와 몰입을 유도하여 긍정적인 자기 효능감을 형성하는 데 결정적인 역할을 할 수 있다. AI는 학습 과정을 최적화할 뿐만 아니라, 정보 탐색, 아이디어 생성 등 다양한 활동을 통해 아이들의 사고력을 확장하고 미래 역량을 자연스럽게 길러 준다.

그러나 AI 코스웨어의 도입은 단순히 최신 기술을 교실에 들여놓는 것을 의미하지 않는다. AI는 만능 해결사가 아니며, 그 활용 과정에서는 데이터 편향성, 학생들의 자율성 및 창의성 약화 우려, 디지털 격차 심화, 교사의 새로운 역할 정립, 현실 세계 체험 감소와 같은 복합적이고 민감한 과제들이 동반될 수 있다. 이 책은 AI 코스웨어가 가져올 수 있는 긍정적 가능성과 더불어 우리가 마주하게 될 도전 과제들을 균형 있게 다룸으로써, AI 코스웨어가 초등 교육 현장에 성공적으로 안착하고 교육의 질적 성장을 끌어낼 수 있는 실제적이고 심층적인 방안을 모색하고자 한다.

이 책은 다음과 같은 핵심적인 질문들에 대한 답을 찾아가는 여정이다.

AI 코스웨어는 기존의 획일적인 교육 방식이 가진 한계, 즉 학생 개개인의 특성을 충분히 반영하지 못하고 학습 격차를 심화하는 문제를 어떻게 극복할 수 있는가? 또한 AI 기반 교육과 기존 교육 방식의 본질적인 차이는 무엇이며, 이는 교육 현장에 어떤 의미가 있는가?

2022 개정 교육과정이 궁극적으로 지향하는 학생 주도성과 역량 중심 교육, 그리고 맞춤형 학습이라는 목표와 AI 코스웨어는 어떻게 긴밀하게 연결될 수 있는가? AI 기술이 이러한 교육과정의 핵심 가치를 교육 현장에서 어떻게 구체화할 수 있는가?

현장에서 활용할 수 있는 다양한 유형의 AI 코스웨어는 각각 어떤 특징을 가지며, 실제 수업에서 어떤 방식으로 활용할 수 있는가? 다양한 수업 상황에 따른 AI 코스웨어 활용 전략은 무엇인가?

공교육 시스템에 도입되는 AI 디지털 교과서(AI Digital Textbook, AIDT)는 교육 현장에 어떤 파급력을 가져올 것이며, 그 도입 과정에서 나타난 현장의 반응과 아쉬운 점은 무엇인가? AIDT의 올바른 정착을 위해 기술적 안정성, 정책적 지원, 교사 연수, 윤리적 측면에서 무엇을 준비하고 개선해야 하는가?

AI를 교육에 활용하는 과정에서 발생할 수 있는 윤리적 문제는 무엇이며, 이를 해결하기 위한 교육적 · 정책적 노력은 무엇인가? 우리는 어떻게 AI를 윤리적으로 활용하고, 학생들에게 올바른 디지털 시민 의식을 함양할 것인가?

AI 시대, 변화된 교육 환경 속에서 교사는 어떤 역할을 수행해야 하며, 데이터 기반의 수업 설계자, 고차원적 사고 촉진자, 윤리적 가이드, 심리적 · 정서적 멘토로서 어떻게 변화에 능동적으로 적응하고 주도적인 역할을 할 수 있는가?

AI 기술과 교육의 융합을 통해 미래 초등 교육은 어떤 모습으로 발전할 것이며, 이러한 변화 속에서 학생들의 전인적 성장과 핵심 역량 함양을 위한 교육 당국의 정책적 지원과 학교 및 교사의 역할은 무엇인가? 기술 중심이 아닌 사람 중심의 교육 철학을 어떻게 실현할 것인가?

이러한 심층적인 질문들을 통해 이 책은 AI 기술이 초등 교육의 미래를 설계하는 중요한 기점이 될 수 있음을 강조하고, 실제 교육 현장에서 변화와 나아가야 할 방향에 대한 깊이 있는 통찰을 제공할 것이다. 독자들은 또한 이 책을 통해 AI 코스웨어를 둘러싼 다양한 논점들을 다각적으로 이해하고, 각자가 미래 교육의 새로운 비전을 그려 나가는 데 든든한 길잡이가 될 것이다.

독자를 위한 지침: 이 책은 누구를 위한 것인가?

이 책은 초등 교사, 예비 교사, 교육 행정가, 교육 정책 담당자, 에듀테크(EduTech) 개발자, 그리고 자녀 교육에 깊은 관심을 가진 학부모 등 AI 코스웨어와 초등 교육의 미래에 대해 진지하게 고민하고 실제적인 변화를 만들어 가고자 하는 모든 이들을 위한 책이다. 각 독자층의 특성을 고려하여, 이 책이 제공하는 정보와 통찰이 실질적인 도움이 될 수 있도록 내용을 구성했다.

초등 교사에게는 AI 코스웨어를 활용한 수업 설계와 실제적인 적용에 대한 상세한 지침을 제공할 것이다. 단순히 기술의 사용법을 넘어, 학생 개개인의 특성을 고려한 맞춤형 수업을 어떻게 구현할 것인지, AI가 제공하는 학습 데이터를 어떻게 분석하고 활용하여 학생의 성장을 지원할 것인지에 대한 구체적인 방법론을 제시한다. 또 변화된 교육 환경 속에서 교사 자신의 새로운 역할을 능동적으로 정립하고, AI가 대체할 수 없는 인간적인 교육의 가치를 발견하는 데 필요한 통찰력을 제공한다. 더불어, AI 기술이 불러올 긍정적 변화뿐만 아니라 함께 제기될 수 있는 윤리적 문제에 대한 깊이 있는 이해를 돕고자 했다. 이를 통해 교사들이 수업 현장에서 학생들과 함께 고민할 교육적 지혜를 나눌 수 있도록 구성했다. 이 책은 교사들이 AI 시대를 맞아 단순히 기술을 학습하는 것을 넘어, 교육 전문가로서의 역량을 한 단계 더 성장시키는 데 기여할 것이다.

교육 행정가 및 교육 정책 담당자에게는 AI 코스웨어 도입의 필요성과 교육적 가치를 명확하게 제시하고, 현장의 목소리를 반영한 실효성 있는 정책 수립에 필요한 이론적, 실제적 근거를 제공할 것이다. 특히 AIDT의 성공적인 안착을 위한 기술 인프라 구축, 교사 역량 강화를 위한 체계적인 연수 프로그램 개발, AI 교육 윤리 기준 마련, 디지털 격차 해소를 위한 재정적 · 제도적 지원 등에 대한 구체적인 논의를 통해 미래 교육을 위한 명확하고 현실적인 로드맵을 그리는 데 이바지하고자 한다.

정책 결정자들에게는 교육 혁신의 잠재력을 실현할 수 있도록 전략적인 정책 방향과 실행 가능한 로드맵을 제시할 것이다. 또 에듀테크 개발자에게 단순히 기술적 성능만을 추구하는 것을 넘어, 초등학생의 발달 특성을 고려한 사용자 친화적이고 교육적으로 의미 있는 AI 코스웨어 설계의 중요성을 강조할 것이다. 교육 현장의 실제적인 요구와 교사 및 학생의 피드백을 반영하여, 기술과 교육의 시너지를 극대화할 수 있는 혁신적인 AI 코스웨어 개발 방향에 대한 인사이트를 제공할 것이다.

마지막으로, 자녀 교육에 관심이 많은 학부모에게는 AI 코스웨어가 자녀의 학습에 미치는 긍정적 및 부정적 영향을 균형 있게 이해하고, 급변하는 교육 환경 속에서 자녀의 성장을 어떻게 현명하게 지원할 것인지에 대한 실용적인 정보와 폭넓은 관점을 제공할 것이다. AI 시대에 우리 아이들에게 필요한 역량이 무엇인지, 그리고 가정에서 AI 기술을 어떻게 현명하게 활용하여 자녀의 자기 주도적 학습을 지원할 수 있는지에 대한 고민을 함께 나눌 것이다.

궁극적으로 이 책은 모든 독자가 AI 코스웨어와 초등 교육의 융합이라는 복합적인 주제를 단순한 기술적 접근을 넘어 교육의 본질적 가치와 연결하여 이해하고, 미래 교육의 주체로서 능동적으로 참여할 수 있도록 돕는 것을 목표로 한다. AI 기술이 가져올 교육적 변화를 두려워하거나 비판 없이 수용하기보다는, 교육의 본질을 지키면서 기술을 현명하게 활용하여 모든 아이의 성장을 지원하는 길을 함께 모색하고자 한다.

AI와 초등 교육의 미래를 잇는 10가지 이야기

이 책은 총 10개의 장으로 구성되어 있으며, 각 장은 AI 코스웨어와 초등 교육의 핵심적인 교차점을 깊이 있게 탐구한다. 이 여정은 독자들이 AI 코스웨어에 대한 포괄적인 이해를 바탕으로, 실제적인 적용 방안과 미래 지향적인 통찰력을 얻을 수 있도록 논리적이고 체계적인 흐름에 따라 설계되었다.

먼저 1장에서 AI 시대 교육 패러다임의 변화를 조망한다. 그리고 AI 에듀테크와 AI 코스웨어의 개념을 명확히 정의하고 기존 교육 방식과의 차이를 분석한다. 이는 AI 코스웨어가 단순한 도구가 아니라 새로운 교육 생태계를 조성하는 핵심 요소임을 이해하는 출발점이 된다. 이어서 2장에서는 2022 개정 교육과정의 핵심 목표인 역량 중심 교육과 학생 맞춤형 교육이 AI 코스웨어를 통해 어떻게 실현될 수 있는지를 탐색한다. 국가 교육과정의 지향점과 AI 기술이 긴밀하게 연동되어 교육 혁신을 이끌 수 있음을 보여 주는 중요한 맥락을 제공하는 것이다.

AI 코스웨어의 이론적 배경과 정책적 중요성을 이해한 후, 3장에서는 AI 코스웨어가 초등 교육에 가져다주는 핵심적인 교육적 가치와 그 필요성을 다섯 가지 측면에서 심층적으로 다룬다. 개별 맞춤형 교육, 즉각적인 피드백, 게임화 요소, 메타 인지 촉진, 교육 형평성 실현이라는 가치들은 학교 교육에 AI 코스웨어 도입하기 위한 교육적 동기를 제시한다. 이러한 가치들을 바탕으로 4장에서는 수학, 영어, 정보 교과를 중심으로 실제 교육 현장에서 사용되는 다양한 AI 코스웨어의 유형과 그 특징을 구체적으로 소개하여 독자들이 자신의 교육 환경에 적합한 유형을 선택하고 활용하는 데 필요한 실용적인 정보를 얻게 했다.

이론과 실제 코스웨어 유형에 대한 이해를 바탕으로, 5장에서는 AI 코스웨어를 수업에 효과적으로 활용할 수 있는 구체적인 교수 · 학습 모델들을 제시하며 수업 설계의 실천적 지침을 제공한다. 그리고 6장에서는 5장에서 제시된 수업 모델들이 실제 초등학교 수학 및 영어 수업에서 어떻게 구현되었고, 어떤 긍정적인 변화를 불러왔는지 생생한 수업 사례를 통해 보여 준다. 이를 통해 독자들이 AI 코스웨어 활용의 효과를 직관적으로 이해하고 자신의 수업에 적용할 구체적인 아이디어를 얻을 수 있다.

이러한 실제 적용 사례를 넘어, 7장에서는 공교육 시스템 내에서 AI 코스웨어의 대표적인 형태인 AIDT의 도입 과정과 현장 반응, 그리고 성공적인 정착을 위한 과제를 심층적으로 다룬다. 이는 AI 코스웨어의 미래가 단순히 기술 도입이 아닌 정책과 현장의 긴밀한 협력에 달려 있음을 강조하는 장이다. 하지만 8장에서는 AI 기술의 발전이 모든 면에서 긍정적이지만은 않다는 시각으로 AI 교육이 가져올 수 있는 복합적인 윤리적 문제들을 비판적으로 고찰하고 이에 대한 현실적인 해결 방안을 제시하여 AI 코스웨어의 지속 가능하고 책임감 있는 활용을 위한 필수적인 논의를 전개한다.

9장에서는 AI 시대에 교사의 역할이 어떻게 변화하고 있으며, 새로운 교육 환경에서 교사가 어떤 역량을 갖추어야 하는지를 심층적으로 분석한다. AI가 교사를 대체하는 것이 아니라 교사의 전문성을 확장하고 교육의 본질을 강화하는 조력자로 기능해야 함을 역설하는 것이다. 마지막으로 10장에서는 AI 코스웨어와 초등 교육의 융합을 통한 미래 교육의 비전을 제시하며, 기술 중심이 아닌 사람 중심의 교육 철학을 실현하는 것이 AI 교육 혁신의 핵심임을 강조한다.

AI 시대, 교육의 길을 밝히다

이 책이 AI 코스웨어와 초등 교육의 접점에서 고민하는 모든 이에게 명확한 지침과 풍부한 영감을 제공하기를 진심으로 바란다. 우리가 지금 마주한 시대는 단순히 기술 발전을 넘어, 사회 전반에 걸쳐 중대한 전환이 일어나고 있는 시기다. 이 시대는 교육의 본질을 다시 묻고, 우리 아이들의 미래를 어떤 방향으로 이끌어 갈지에 대한 깊이 있는 성찰을 요구한다. AI는 교실의 문을 두드리고 있지만 AI를 통해 교실을 어떤 배움의 공간으로 만들어 갈지는 결국 우리의 교육적 철학과 교육 현장의 끊임없는 노력, 그리고 현명한 선택에 달려 있다.

이 책은 그 막연한 고민과 방황 속에서 여러분의 곁을 지키며, 작지만 의미 있는 나침반이 되어 줄 것이라고 믿는다. 우리가 제시하는 다양한 관점과 실제 사례들이 여러분의 교실과 학교, 나아가 우리 교육 시스템 전반에 새로운 활력을 불어넣기를 소망한다. 이 책을 통해 독자들이 AI라는 강력한 도구를 단순히 활용하는 것을 넘어, AI가 결코 대체할 수 없는 인간 교사의 고유한 가치와 역할을 재확인하길 바란다. 나아가 학생들과의 상호 작용을 통해 학습자의 미래 역량을 키워 주는 데 더 많이 집중할 수 있기를 기대한다.

우리가 함께 그려 나갈 미래 교육의 모습은 한두 명의 노력으로 완성되지 않는다. 교사, 학부모, 교육 정책 입안자, 에듀테크 개발자 등 모든 교육 공동체의 지혜와 협력이 필요하다. 이 책이 바로 그 협력과 소통의 장을 마련하는 촉매제가 되어 주기를 간절히 기원한다. 또 이 책이 교사가 교육 혁신을 실현하는 데 실질적인 도움이 되어, 궁극적으로 모든 아이가 자신의 잠재력을 펼치고, 급변하는 미래 사회에서 주체적인 삶을 살아가길 바란다.

우리는 기술의 진보를 활용하여 인간 중심의 교육을 실현하고, 아이들 각자가 가진 무한한 가능성을 꽃피우는 밝은 미래를 함께 만들어 갈 수 있을 것이다.

참고문헌

교육부(2023). "AI 디지털교과서 추진 방안". https://www.moe.go.kr/boardCnts/viewRenew.do?boardID=294&boardSeq=95261&lev=0&searchType=null&statusYN=W&page=1&s=moe&m=020402&opType=N

OECD(2024). Education Policy Outlook 2024: Reshaping Teaching into a Thriving Profession from ABCs to AI.

https://www.oecd.org/en/publications/education-policy-outlook-2024_dd5140e4-en.html

01
교육의 변화와 AI 기술

4차 산업혁명 시대, AI의 등장은 교육 현장에 근본적인 변화를 불러일으키고 있다. AI 기술이 교육에 도입되면서 기존의 획일적이고 표준화된 교육 방식은 학습자 특성을 반영한 맞춤형 학습으로 전환되고 있으며, 이 같은 변화는 개인화된 학습과 지속적인 평가를 가능하게 한다. 또한 교사와 학생의 역할에도 중대한 변화를 불러와 교사는 단순한 지식 전달자에서 멘토와 촉진자로, 학생은 수동적 학습자에서 자기 주도적 학습자로 역할이 변하고 있다.

AI와 1인 창업?

AI 에듀테크와 AI 코스웨어

4차 산업혁명의 기술 발전은 교육 환경에도 혁신적인 변화를 요구하고 있으며, 특히 AI 기술의 발달은 교육의 내용, 방법, 평가 방식은 물론 교육의 철학과 교사의 역할까지 근본적으로 변화시키고 있다. 이러한 흐름 속에서 주목받는 개념이 바로 AI 에듀테크와 AI 코스웨어다. 비슷한 용어로 오해될 수 있지만, 이 두 개념은 뚜렷한 차이를 갖는다.

AI 에듀테크는 교육에 AI 기술이 결합한 모든 기술적 환경을 포괄하는 개념으로, 학습자의 개별 행동 데이터를 수집하고 분석함으로써 개인 맞춤형 콘텐츠를 추천하거나 자동 평가 및 즉각적 피드백 등 효율적인 학습 환경을 제공하는 기술 기반 시스템이다(강신진, 2024). AI 에듀테크는 학습 환경을 보다 똑똑하게 만들고, 교육자와 학습자 모두에게 효율성을 제공하는 기술 기반의 접근이다.

반면 AI 코스웨어는 AI 에듀테크보다 교육 내용에 중심을 두는 개념이다. 이는 특정 교과 내용이나 교육 목적에 맞게 설계된 AI 기반 프로그램을 의미하며, AI를 활용하여 교과 과정과 콘텐츠 자체를 설계하고 학습 경로까지 운영하는 교육 콘텐츠 시스템으로, 단순한 도구를 넘어 수업 자체를 구성하고 이끌 수 있으며, 교사를 보조하거나 수업 운영 자체를 일정 부분 담당하는 시스템이다(OECD, 2023). 이처럼 AI 코스웨어는 학습자의 성취 수준과 학습 스타일을 분석하여 콘텐츠를 지속적으로 재구성하고, 맞춤형 학습 경로를 설정하여 교육 효과성을 극대화하는 기능을 갖추고 있다.

따라서 AI 에듀테크가 학습을 위한 환경을 제공한다면, AI 코스웨어는 학습의 내실을 구성하는 구조라 볼 수 있다. 즉 이 두 가지 개념은 기술적 환경과 콘텐츠라는 두 측면에서 상호 보완적이며 교육 현장에서 같이 활용될 때 최대의 시너지를 발휘할 수 있어서 교육의 혁신적 변화를 이끄는 핵심이라고 할 수 있다.

AI 기반 교육으로의 변화

전통적 교육 방식은 오랫동안 교사 중심의 일방적이고 획일적인 지식 전달 및 암기 위주 수업 형태를 유지해 왔다. 칠판 앞에 선 교사는 강의하고, 학생들은 이를 받아 적는 방식이 대부분이었다. 이런 방식은 표준화된 지식을 일괄적으로 전달하는 데는 효율적이었지만, 학생 개개인의 흥미와 능력 차이를 충분히 반영하기 어렵고 다양한 학습자의 개별적인 관심과 요구를 충족하기에는 한계가 명확했다. 하지만 AI 기반 교육은 이러한 한계를 극복하여 교육의 구조를 변화시키고 학습자 중심의 접근을 가능하게 하고 학생 중심의 개별화된 학습 환경으로의 전환을 가능하게 했다.

AI를 활용한 교육은 학생들의 개별적인 학습 속도, 성취 수준, 학습 스타일을 정밀하게 분석하여 개개인에게 최적화된 맞춤형 학습 콘텐츠와 학습 경로를 제공할 수 있다. 이는 학생의 자기 주도적 학습 능력을 높이고 학습 과정에서 몰입도와 성취감을 증진한다. 그리고 학습 과정의 전반에 걸쳐 지속적인 실시간 진단과 피드백을 통해 학습자의 학습 결손과 문제를 조기에 파악하고 효과적으로 개선할 수 있다. 또 인프라가 갖추어졌다면 시공간 제약 없이 어디서든 학습이 가능하다는 장점이 있다.

하지만 AI 기반 교육 도입에는 몇 가지 문제점도 존재한다. 대표적으로 기술 인프라의 지역 간 격차와 교사들의 디지털 역량 부족은 실제 교육 현장에서 큰 걸림돌이 되고 있다(OECD, 2023). AI가 담당할 수 없는 정서적 지지와 사회성 발달의 문제도 여전히 인간 교사의 중요한 역할로 남아 있다.

AI 시대의 새로운 교육 방법과 AI 코스웨어 활용법

AI 시대가 본격화됨에 따라 수업 운영 및 평가 방법에도 커다란 변화가 나타났다. AI가 교육 현장에 도입되면서 교수 · 학습의 운영 방식은 이전과 비교할 수 없을 정도로 빠르게 진화하고 있다. AI 코스웨어는 교사가 전적으로 책임졌던 수업 설계, 운영, 평가 과정을 교사와 함께 수행하고 있다. 또한 학습자의 개별 특성을 실시간으로 분석하여 맞춤형 학습을 제공하는 강력한 도구로 주목받고 있다. 심지어 학습자 반응과 학습 상태에 따라 콘텐츠를 실시간으로 조정하고 재구성하는 능력까지 갖추었다.

예를 들어 수학 학습 과정에서 특정 개념 이해가 부족한 학생이 있을 때, AI 코스웨어는 즉각적으로 보충 콘텐츠와 반복 학습 경로를 제공함으로써 학습자의 개별적 결손을 빠르게 보완한다. 또한 AI 코스웨어를 활용한 지속적인 형성 평가를 통해 학생들의 학습 상태와 발전 과정을 자세히 추적할 수 있어 교육의 효과성을 크게 높일 수 있다(여승현 외, 2023). AI 코스웨어의 활용은 평가 방식의 혁신도 가능하게 한다. 전통적인 교육에서는 중간고사와 기말고사처럼 정해진 일정에 따라 일괄적으로 평가했다. 반면 AI 코스웨어를 활용한 수업은 학습 과정 전반에 걸쳐 실시간으로 학습자의 성취 수준과 문제점을 평가하고 기록하며 피드백을 제공함으로써 학습 효과를 높인다. 이처럼 AI 코스웨어는 단순한 콘텐츠 전달 시스템이 아니라, 학생 개개인의 잠재력을 끌어올리는 학습 파트너로 자리매김하고 있다.

초등학교 교육 현장에 AI의 도입이 미치는 영향

초등 교육 현장에 AI 기반 교육의 도입은 교육의 질적 향상과 더불어 학생 개개인의 학습 경험에 큰 변화를 불러오는 등 구체적이고 의미 있는 변화를 만들어 가고 있다.

초등학교는 학습 습관 형성뿐 아니라 기초 학력을 기르고 사회적 · 정서적 성장을 돕는 중요한 교육 단계이기 때문에 이 시기의 교육 변화는 학습자 인생 전반에 중대한 영향을 끼친다. 그런데 AI 기술이 도입되면서 초등학교 교육 현장에서 이전에 경험하지 못한 긍정적인 변화들이 나타나고 있다.

첫째, AI의 도입은 초등학교 현장에서 개인 맞춤형 학습을 실질적으로 가능하게 했다. 최근 국내 여러 초등학교에서 도입된 AI 코스웨어를 활용한 학습 사례를 본다면 AI 기반의 맞춤형 수학 학습 프로그램 운영을 통해 학생들이 수학 문제를 풀 때마다 AI가 실시간으로 각 학생의 오답 패턴을 분석하여 개념적으로 부족한 부분을 즉각 진단하고 추가적인 보충 자료를 제공한다. 그 결과, 학습에 어려움을 느끼던 학생들이 개별 맞춤 콘텐츠를 통해 자신감을 회복하고 기초 학습 능력을 효과적으로 향상하고 있다(여승현 외, 2023). 이처럼 AI 코스웨어는 초등학생 개개인의 학습 진단을 통해 개인별로 맞춤형 콘텐츠를 즉각적으로 제공하며, 기초 학력 부진이나 학습 결손을 예방하거나 해소할 수 있다.

둘째, 창의적 문제 해결 능력을 촉진하는 프로젝트 기반 학습(Project-Based Learning, PBL), 탐구 학습 등 다양한 수업 방법 활성화에 도움을 준다. 학생들이 주어진 문제를 조사하거나, 조사한 내용을 바탕으로 발표 자료를 만들 때 AI 코스웨어는 학생 개개인의 데이터와 조사 과정을 분석하여 학생 맞춤형 자료를 제공해 줄 수 있으며, 학생들이 조사한 내용에 맞춰 포스터, 마인드맵 등을 추천하여 자료를 정리할 수 있게 도와준다. 평소 어렵게 여기는 생각 표현의 어려움을 AI 코스웨어를 통해 해소함으로써 학생들은 창의적 문제 해결력과 탐구력, 비판적 사고력을 키우는 다양한 학습 활동에 더 많이 집중할 수 있게 된다.

셋째, 교육 환경의 변화는 교사의 역할 변화와 업무 수행에도 많은 영향을 준다. 교사는 반복적이고 기초적인 수업이나 기계적인 업무를 AI에 위임하고, 보다 깊이 있는 활동에 집중하게 되었다. 또 학생 개개인의 심화학습과 창의력 촉진, 문제 해결 능력 강화 그리고 정서적 지원과 사회성 발달과 같은 전인적 요소에 집중하게 되었다. 즉 반복되는 수업이나 기계적 업무보다 본질적인 교육 활동에 집중할 수 있게 된 것이다.

넷째, AI 코스웨어의 도입은 교사와 학부모 간 소통에도 중대한 변화를 불러왔다. AI 코스웨어가 제공하는 실시간 학습 데이터와 분석 결과를 통해 교사는 학부모에게 학생들의 학습 상태에 대해 보다 객관적이고 구체적이며 정밀한 학습 상황까지 공유할 수 있게 되었다. 또한 AI 코스웨어의 학습 데이터를 실시간으로 공유함으로써 학교와 가정의 긴밀한 협력을 강화하는 효과까지 나타내고 있다(OECD, 2023). 이처럼 AI 코스웨어는 더 이상 단순히 교육과정 중 하나의 콘텐츠 제공자로 머물지 않는다. 이제는 학생 개인의 필요에 따라 학습 콘텐츠를 정교하게 맞춤화하고, 실시간으로 학습 경로를 설계하여 학습 효율성을 극대화하는 핵심적인 교수 · 학습 시스템으로 자리 잡고 있다. 또 AI 코스웨어의 활용은 교사의 역할도 단순한 지식 전달자에서 학습 환경을 기획하고 운영하는 멘토와 촉진자로 변모시키고 있다. 그리하여 교사는 AI가 제공하는 데이터와 분석 결과를 토대로 학생 개개인의 특성을 더욱 정확하게 이해하고 더 효과적인 맞춤형 지도를 실행할 수 있게 되었다.

결국, AI 시대의 교육 현장은 AI 코스웨어를 활용하여 개인 맞춤형 교육을 실현함으로써 학습자 개개인의 잠재력을 극대화하는 방향으로 나아가고 있다. 또 학교와 가정 간의 소통 역시 단순 정보 제공 수준을 넘어 구체적이고 지속적인 학습 데이터 기반의 협력적 관계로 발전시키고 있다. 따라서 AI 코스웨어는 교사와 학생 모두에게 실질적인 도움을 주는 '스마트한 동료'로 교육 현장의 새로운 표준으로 자리매김할 것이다.

참고문헌

강신진(2024). 《인공지능(AI) 시대 에듀테크 활용》. BOOKK(부크크).

여승현 외(2023). "인공지능 활용 초등수학수업 지원시스템의 교수·학습 모형 개발"(KERIS 연구보고서 RM 2023-25). https://www.keris.or.kr/main/ad/pblcte/selectPblcteRMInfo.do?mi=1139&pblcteSeq=13777

OECD(2023). Digital Education Outlook 2003: Towards an Effective Digital Education Ecosystem.

https://www.oecd.org/en/publications/oecd-digital-education-outlook-2023_c74f03de-en/full-report.html

02
2022 개정 교육과정과 AI 코스웨어

2022 개정 교육과정은 역량 중심 교육과정이라고 할 수 있다. 이를 가능하게 하는 수단 중 하나가 바로 AI 코스웨어다. 2022 개정 교육과정이 지향하는 철학과 핵심 역량을 정리하고, AI 코스웨어가 교육 현장에서 이를 어떻게 구체화할 수 있는지 살펴본다. 더불어 교과별 성취 기준과 연계된 실제 적용 사례를 바탕으로, AI 코스웨어가 역량 중심 교육을 실현하는 데 어떤 가능성을 지니는지도 함께 고찰한다.

AI와 MBTI?

2022 개정 교육과정의 철학과 방향성

2022 개정 교육과정은 급변하는 미래 사회에 대비하여, 학생들이 능동적으로 변화에 대응하고 스스로 삶과 학습을 이끌어갈 수 있는 주도성을 기르는 것을 목표로 한다. 교육과정 구성의 중점 사항으로는 디지털 전환, 기후 · 생태 환경 변화 등 사회 전반의 불확실성에 대응할 수 있는 핵심 역량 함양을 강조하고 있는데, 이러한 역량은 단기간의 지식 주입으로는 길러지기 어렵다. 따라서 예측 불가능한 미래에 대비할 수 있는 지속 가능한 학습 능력이 요구된다. 이에 개정 교육과정은 모든 학생이 언어 · 수리 · 디지털 기초 소양을 바탕으로 평생 학습의 기반을 마련할 수 있도록 지원하고, 개별 맞춤형 교육을 통해 학생 각자의 성장을 도우며, 스스로 학습을 이어 나갈 수 있는 주도성을 기를 수 있도록 구성되어 있다.

이러한 교육 철학은 교과 간 연계 학습, 학생 참여형 수업, 과정 중심 평가와 같은 교육 실천 방향과도 긴밀히 맞물려 있다. 특히 학생이 주도적으로 수업에 참여하고, 문제 해결 중심의 사고력을 키우는 평가 체제를 통해 학습의 깊이와 질을 동시에 향상하고자 한다. 요컨대, 2022 개정 교육과정은 학생이 능동적이고 주체적인 학습자로 성장하도록 돕고, 미래 사회에 필요한 다양한 역량을 체계적으로 길러 주기 위한 교육 철학을 담고 있다고 할 수 있다.

역량 중심 교육의 강조와 디지털 기반 교육 혁신

2022 개정 교육과정은 2015 개정 교육과정의 여섯 가지 핵심 역량을 계승·발전시켜, 미래 사회에 필요한 인재 양성을 위한 기반으로 삼고 있다. 제시된 여섯 가지 핵심 역량은 다음과 같다. 첫째, 자기 관리 역량은 정체성과 자신감을 바탕으로 자신의 삶을 스스로 설계하고 주도적으로 살아갈 수 있는 능력이다. 둘째, 지식 정보 처리 역량은 다양한 분야의 지식과 정보를 깊이 이해하고 비판적으로 탐구하며 문제 해결에 활용할 수 있는 능력이다. 셋째, 창의적 사고 역량은 여러 분야의 지식과 경험을 융합하여 새로운 가치를 창출하는 능력을 의미한다. 넷째, 심미적 감성 역량은 인간과 문화에 대한 공감과 감수성을 바탕으로 삶의 의미와 가치를 성찰하고 향유하는 능력이다. 다섯째, 협력적 소통 역량은 타인의 관점을 존중하고 자기 생각을 효과적으로 표현하며, 협력적으로 공동의 목표를 달성하는 능력이다. 여섯째, 공동체 역량은 지속 가능한 사회를 위해 개방적 태도와 책임감을 가지고 더불어 살아가는 능력을 뜻한다. 이러한 역량

들은 단일 교과나 특정 활동에만 국한되는 것이 아니라, 모든 교육과정 전반에 통합되어야 하는 종합적이고 융합적인 능력이다.

2022 개정 교육과정은 이러한 여섯 가지 핵심 역량 함양을 중심으로, 학생이 주도적으로 사고하고 문제를 해결할 수 있는 교육을 지향한다. 그러나 이러한 역량 중심 교육이 교실에서 실현되기 위해서는 학생 개개인의 수준과 특성에 맞춘 정교한 지원 체제가 뒷받침되어야 한다. 바로 이 지점에서 AI 코스웨어와 같은 AI 기술이 교육과정의 실천적 도구로서 중요한 의미를 지니게 된다. 교육부는 최근 디지털 기술을 활용한 교육 혁신을 적극 추진해 왔으며, 2023년에는 'AI 디지털 교과서 추진 방안'을 발표하며 공교육에 AI 기반 코스웨어를 본격 도입하겠다는 계획을 제시했다. 이후 'AI 디지털 교과서 개발 가이드라인'을 발표하고 개발 절차에 돌입, 2025년부터 수학, 영어 교과에 먼저 적용되어 현장에서 사용되었다.

학습자의 수준과 특성에 따른 정교한 지원을 가능하게 하는 기술적 도구로서 AI는, 단순한 보조 수단을 넘어 교육 패러다임 전환의 촉진제가 되고 있다. AI 코스웨어는 개별화된 학습 지원, 실시간 진단과 피드백, 자기 주도 학습을 유도하는 기능을 바탕으로, 역량 중심 교육의 이상을 현실로 구현하는 데 교사와 학생 모두에게 새로운 가능성을 제시하고 있다.

교수·학습 과정에서의 AI 코스웨어 활용: 가능성과 적용 사례

2022 개정 교육과정에서 또 하나 눈여겨볼 점은 모든 교과 교육을 통해 디지털 기초 소양을 함양하는 것을 명시하고 있다는 점이다. 각 교과에는 디지털 소양과 밀접하게 연관되는 성취 기준이 존재하며, 개정된 교과서들을 살펴보면 교과별로 디지털 소양 관련 내용이 반영된 것을 확인할 수 있다. 이는 디지털 소양과 AI 활용 역량이 특정 과목에 국한된 것이 아니라, 전 교과에 걸쳐 통합적으로 길러져야 할 중요한 요소로 간주하고 있음을 보여준다.

이러한 흐름 속에서 AI 코스웨어는 교과 성취 기준과 디지털 소양을 실질적으로 연결하는 매개 도구가 될 수 있다. 특히 수학 교과에서는 AI 코스웨어를 활용함으로써 성취 기준을 더욱 효과적으로 달성할 수 있다. 예를 들어, 6학년 수학 성취 기준인 '[6수02-04] 직육면체와 정육면체의 구성 요소와 성질을 이해한다.' 혹은 '[6수02-07] 각기둥의 전개도를 그릴 수 있다'와 같은 도형 영역의 학습에서는, AI 코스웨어의 상호 작용 기능, 시각화 도구, 3D 입체 도형 도구 등을 활용해 학습 효과를 크게 높일 수 있다. 실물 교구나 종이 전개도 없이도 입체 도형의 구성 원리를 직관적으로 탐색할 수 있으며, 다양한 시점에서 모양을 회전, 확대, 분해해 보는 활동을 통해 공간 감각과 이해도를 높일 수 있다. 또한 AI 코스웨어는 학생의 학습 결과를 분석하여 즉각적인 피드백과 대안 학습 경로를 제공할 수 있으며, 나아가 다른 학생들과의 아이디어 비교나 협업적 사고와 표현도 촉진할 수 있다. 이러한 활용은 단순히 정답을 맞히는 수준을 넘어서, 문제 정의 → 협업적 해결 과정 → 아이디어 공유 → 결과 도출에 이르는 탐구 중심 수업 구조를 가능하게 한다. 이를 통해 학생들은 수학적 사고력뿐 아니라 디지털 의사소통 및 문제 해결 역량 또한 자연스럽게 기를 수 있으며, 이는 2022 개정 교육과정이 강조하는 역량 중심 교육 실천의 중요한 예시로 볼 수 있다.

국어과에서의 쓰기 영역 또한 AI 코스웨어의 효과적인 적용 분야 중 하나다. 예를 들어, '[4국03-03] 관심 있는 주제에 대해 자신의 의견이 드러나게 글을 쓴다'라는 성취 기준은 학생이 주장을 명확히 전달하고 논리적으로 전개하는 능력을 요구한다. AI 기반 글쓰기 도구는 학생이 작성한 글의 문장 구조, 어휘 사용, 주장과 근거의 연결성 등을 자동 분석하여 실시간 피드백을 제공한다. 예를 들어, 주장만 있고 근거가 미흡할 경우 "이 생각을 뒷받침할 수 있는 예시를 하나 더 써 볼까요?"라는 식의 개방형 피드백을 통해 학생의 사고 확장을 유도할 수 있다. 이러한 쓰기 활동은 단순한 작문 훈련을 넘어 자기 관리 역량까지 포괄하는 수업으로 확장된다. AI 코스웨어는 교사가 모든 학생의 글을 일일이 첨삭하지 않아도 개별 피드백을 쉽게 제공할 수 있도록 하며 자기 주도적 글쓰기 학습 환경을 조성할 수 있도록 지원한다. 특히 작성한 글에 대해 AI가 반복 피드백을 제공하고, 학생이 수정본을 다시 제출하는 순환형 쓰기 훈련 구조는 과정 중심 평가로서도 높은 활용 가능성을 보인다.

더 나아가 AI 코스웨어는 교과 간 융합 수업 설계에도 효과적으로 활용될 수 있다. 예를 들어 국어과의 토의·토론 단원과 사회과의 지역 문제 해결 단원을 연계하여 '지역 사회 문제 해결 프로젝트'를 수행할 경우, AI는 학생의 토의 발언을 실시간으로 기록하고 분석하여 학생이 다루는 지역 문제와 관련된 정보를 정리해 줄 수 있다. 말하기 내용의 구조와 논리성에 대한 피드백을 제공함으로써 학생의 표현 능력 향상에도 기여할 수도 있다.

혹은 해당 주제와 유사한 실제 사례를 추천해 줌으로써 문제 탐색과 해결 방안 설계 과정을 심화하는 데 도움을 줄 수도 있다. 이처럼 AI 코스웨어는 반복 학습 지원을 넘어 학생의 사고를 확장하고, 탐구 과정 전반을 보조하는 임무를 수행하며, 교사는 이를 바탕으로 더 주도적이고 창의적인 학습 환경을 설계할 수 있다.

결국 AI 코스웨어는 단순한 반복 학습을 넘어 학생의 사고력, 문제 해결력, 탐구 능력을 확장하는 보조 교사로서 해야 할 역할을 할 수 있으며, 이러한 변화는 2022 개정 교육과정의 핵심 방향인 "학생 맞춤형 학습 지원과 역량 기반 수업 실현"을 가능하게 만드는 구체적 실천 전략으로서 의미가 크다.

2022 개정 교육과정은 학생의 주도성과 창의력, 협력적 소통 능력 등을 핵심 역량으로 제시하며, 이를 실현하려는 방안으로 디지털 기반 맞춤형 교육을 강조한다. 이 과정에서 AI 코스웨어는 개별 학습자의 수준과 특성에 맞춘 학습 경로를 제공하며, 교사는 이를 토대로 수업을 설계 · 조정하고, 학습을 안내하는 전문적 학습 안내자의 임무를 수행한다. 특히 학습자의 데이터를 기반으로 한 AI의 분석 기능은 학생의 학습 이력과 취약점을 정밀하게 파악할 수 있어, 교사의 수업 조정 및 개별 피드백

제공에 큰 도움을 준다. 이러한 시스템은 교사의 업무 효율을 높이는 동시에, 학생의 학습 경험을 보다 풍부하고 의미 있게 만들어 준다. AI는 학습 데이터 분석, 맞춤형 피드백, 탐구 중심 수업 설계에 이르기까지 교사의 전문성을 확장하는 도구로 기능하며, 이는 과정 중심 평가와 학생 참여형 수업을 실현하는 기반이 된다. 따라서 AI 코스웨어는 교육과정이 지향하는 '학생 맞춤형 역량 중심 교육'을 실현하는 데 핵심적인 실천 도구로 작용하게 될 것이다.

참고문헌

교육부(2021). "'2022 개정 교육과정' 총론 주요사항 발표". https://www.moe.go.kr/boardCnts/viewRenew.do?boardID=294&boardSeq=89671&lev=0&searchType=null&statusYN=W&page=1&s=moe&m=020402&opType=N

교육부(2022). "교육과정 원문 및 해설서" (2022 개정 초·중등학교 교육과정). https://ncic.re.kr/dwn/ogf/inventory.cs

김진숙(2023). "디지털 리터러시 구성 체계 및 교과별 성취기준 연계: 교육과정 연계 디지털 리터러시 교육 가이드라인 개발 연구 별책본"(KERIS 연구보고서 CR 2023-2). https://www.keris.or.kr/main/ad/pblcte/selectPblcteRRInfo.do?mi=1138&pblcteSeq=13666

03
AI 코스웨어가 만드는 개별 맞춤형 학습

AI 코스웨어는 학습자의 이해도, 속도, 흥미 등을 반영한 개별 맞춤형 학습을 실현하며, 즉각적인 피드백과 게임화 요소, 학습 데이터 기반의 자기 성찰 기능을 통해 학습 동기와 자기 주도성을 높인다. AI 코스웨어는 단순한 학습 도구를 넘어, 공교육의 형평성을 실질적으로 실현하는 미래 교육의 핵심 기반이 되고 있다.

AI와 난임 극복?

개별 맞춤형 교육의 실현

기존의 초등학교 교육은 동일한 내용을 동일한 시간에 모든 학생에게 전달하는 집단 교수 방식으로 운영되어 왔다. 이러한 방식은 수업 관리 측면에서 효율적일 수 있으나, 학습자의 이해도, 흥미, 선호도, 인지 발달 속도와 같은 개별 차이를 반영하기 어렵다는 한계를 지닌다. 특히 학습 격차가 점차 벌어지는 현실에서, 교사의 설명만으로 모든 학생의 학습을 촘촘히 지원하는 것은 사실상 불가능에 가깝다.

이러한 교육 현실의 한계를 보완하기 위해 최근 주목받는 것이 AI 기술을 기반으로 한 개별 맞춤형 학습 시스템이다. AI 코스웨어는 학습자의 반응을 실시간으로 수집하고 분석하여, 각자의 수준에 맞는 콘텐츠를 제공한다. 예를 들어, 학생이 문제를 반복적으로 틀릴 때 해당 유형의 보충 학습을 제시하고, 학습이 빠른 학생에게는 도전적인 과제를 배정함으로써 속도와 난이도를 학습자 중심으로 조정할 수 있다. 이러한 기능은 획일적 수업이 갖는 일방향성의 한계를 넘어, 모든 아이가 자신의 속도에 맞춰 학습할 수 있는 환경을 실현한다는 점에서 교육적으로 큰 의미가 있다.

AI 코스웨어의 개별화 기능은 단순히 콘텐츠를 조정

하는 데 그치지 않는다. 진단 기반 피드백, 성취 분석, 추천 학습 경로 등의 기능은 학습자의 특성과 필요에 따라 학습의 흐름을 설계해 주며, 이는 학생 스스로 자신의 학습을 계획하고 조절하는 자기 주도성을 길러 주는 기반이 된다. 이렇게 자신의 속도와 방식대로 배울 수 있다는 경험은 학습 동기와 자아 효능감을 높이는 데에도 긍정적으로 작용한다.

무엇보다 중요한 것은, 이러한 AI 기반 맞춤형 교육이 단순한 기술 발전을 넘어 교육의 형평성을 실현하는 데에도 중요한 역할을 한다는 점이다. 기존 교실에서는 한 명의 교사가 모든 학생을 각자의 수준에 맞게 지도하는 것이 어려웠지만, AI 코스웨어는 학습자의 데이터를 분석해 각자에게 맞는 도움을 즉시 제공함으로써 누구도 소외되지 않는 학습 환경을 만들 수 있게 되었다. 이는 '모든 아이의 성장을 돕는 수업'을 실현하려는 공교육의 가치가 기술을 통해 실현될 수 있는지를 보여 주는 사례다.

즉각적인 피드백을 통한 학습 효과 강화

학습 과정에서 피드백은 단순히 정답 여부를 알려 주는 기능을 넘어, 학습자가 자신의 사고 과정을 점검하고 학습 전략을 조정할 수 있도록 돕는 중요한 요소다. 특히 사고 구조가 아직 정교하지 않은 초등학생에게는, 문제 해결 결과에 대한 즉각적이고 구체적인 피드백이 학습 성장을 유도하는 데 핵심적인 역할을 한다. 그러나 기존의 교실 수업에서는 교사가 모든 학생에게 실시간으로 피드백을 제공하기 어렵고, 피드백의 수준과 제공 시점을 일관되게 유지하기에는 어려움이 따른다.

이러한 상황에서 AI 코스웨어는 교사의 역할을 보완하는 유용한 도구가 될 수 있다. AI 코스웨어는 학생이 문제를 해결하는 즉시, 그 결과에 대한 피드백을 시각적으로 또는 서술적으로 제공한다. 예를 들어, '스쿨플랫'은 학생이 문제를 틀렸을 경우 단순히 정답을 알려 주는 것에 그치지 않고, 오답의 원인을 분석해 보여 주며, 관련 개념을 복습할 수 있도록 유도한다. 이러한 방식은 학습자에게 자신의 이해 부족 지점을 스스로 인식하게 하고, 반복 학습을 통해 이를 보완할 기회를 제공한다.

즉각적인 피드백은 학습자의 자기 인식 능력을 강화한다. 학생은 즉시 오류를 확인하고, 자신의 문제 해결 방식을 되돌아보며 다음 전략을 수정하게 된다. 이는 학습자의 자기 조절 능력(self-regulation)을 길러 주며, 학습자는 단순한 지식 습득을 넘어 효과적인 학습 방법을 익히게 된다. 특히 초등학교 저학년과 같이 학습 습관이 형성되는 시기에 이러한 피드백 경험이 반복되면, 학생은 점차 자신의 사고 과정을 인식하고 이를 조절하는 능력을 갖추게 된다.

또한, AI 코스웨어는 누적된 학습 데이터를 기반으로 학생의 학습 패턴을 분석하고, 피드백의 방향을 조절하기도 한다. 학습자가 자주 틀리는 개념이나 유형에 대해서는 보충 자료나 단계별 문제를 제공하고, 빠르게 정답을 찾을 때는 응용문제를 제시함으로써 학습의 깊이를 확장해 나간다. 이는 교사 중심의 일괄적 피드백이 아닌, 학생 중심의 맞춤형 피드백이라는 점에서 학습의 질을 높이는 방향으로 학습 구조가 전환된다고 할 수 있다.

결국, AI 코스웨어의 피드백 기능은 일률적인 피드백이 아닌, 학습자와의 의미 있는 상호 작용으로 작용한다. 이를 통해 교사와 AI는 서로의 한계를 보완하며, 미래 교육이 지향하는 학습 중심 수업의 실현에 실질적으로 이바지할 수 있다.

게임화 요소를 통한 학습 동기 유발

아동기 학습자의 학습 참여를 이끄는 강력한 요소 중 하나는 흥미와 재미다. 특히 초등학생은 외재적 보상보다는 내재적 동기에 의해 더 쉽게 움직이며, 학습을 놀이처럼 느낄 수 있을 때 집중도와 몰입도가 현저히 높아진다. 이러한 측면에서 게임화(Gamification)는 단지 즐거움을 주는 수단을 넘어, 학습을 지속 가능하게 만드는 중요한 교육 전략으로 자리 잡고 있다.

AI 코스웨어는 이러한 게임화 전략을 정교하게 구현하여 학습자의 흥미와 몰입을 효과적으로 끌어낸다. 문제 해결을 통해 점수를 얻거나, 도전 과제를 수행해 레벨을 높이는 방식은 학습자를 능동적으로 참여하도록 유도한다. 예를 들어, '일프로 연산'은 문제를 얼마나 빠르고 정확하게 풀었는지를 기준으로 1%, 10%, 30%, 50% 등의 성취율을 제시한다. 이러한 방식은 단순한 정답 확인을 넘어, 속도와 정확성 모두를 겨루는 게임 요소를 도입함으로써 학생의 승부욕과 도전 의욕을 자극한다. 학습자는 자신의 성취를 실시간으로 확인하면서, 다음 단계로 나아가기 위한 목표 의식과 자기 주도성을 자연스럽게 기르게 된다.

이러한 구조는 켈러(Keller)의 ARCS 동기 유발 이론에서 말하는 '주의 집중(Attention)'과 '만족감(Satisfaction)' 요소를 강화하는 데 효과적이다. 게임화된 학습은 예상할 수 없는 사건이나 도전 과제, 즉각적인 보상 시스템을 통해 학습자의 집중력을 높이고, 문제 해결에 성공했을 때 성취감을 제공한다. 또 반복을 강요하는 것이 아니라 자발적인 반복 참여를 유도함으로써, 학습에 대한 저항감을 줄이고 몰입을 강화하는 효과를 가진다.

학습자 메타 인지를 통한 자기 주도성 강화

오늘날 교육에서 강조되는 핵심 역량 중 하나는 학습자의 메타 인지 능력이다. 메타 인지는 '자신의 인지 과정을 인식하는 것'을 뜻하며, 학습자가 자신이 무엇을 알고 무엇을 모르는지 판단하고, 그에 따라 학습 방법과 전략을 조절할 수 있게 한다. 이는 단순한 지식 습득을 넘어, 스스로 학습을 계획하고 실행하며 점검하는, 즉 자기 주도적 학습의 토대가 된다.

AI 코스웨어는 학습자의 메타 인지 능력을 기를 수 있는 환경을 효과적으로 제공한다. 대부분의 AI 코스웨어는 학습자의 정답률, 오답 유형, 문제 풀이 시간 등의 데이터를 실시간으로 수집하고 이를 시각적 자료로 제공하여 학습자가 자신의 학습 상태를 쉽게 파악할 수 있도록 돕는다. 학습자는 이러한 정보를 바탕으로 자신의 이해 수준을 점검하고, 보완이 필요한 영역을 스스로 판단하여 복습 계획을 세울 수 있다.

이러한 기능은 플라벨(Flavell)이 제시한 메타 인지 구성 요소 중 '메타 인지적 지식'과 '메타 인지적 조절'을 동시에 활성화한다. 학생은 자신의 인지 상태에 대한 정보를 바탕으로 학습 전략을 조정하거나, 보다 효과적인 방법을 선택하여 학습을 이어 나갈 수 있다. 예를 들어, 수학 AI 코스웨어인 '매쓰홀릭'에서는 유형 분석 기능을 통해 학생이 문제 풀이 과정에서 반복적으로 실수한 유형을 다른 색으로 표시해 시각적으로 제공한다. 이를 통해 학습자는 자신이 취약한 유형을 인식하고 관련 개념을 다시 학습하는 방향으로 학습 전략을 조정할 수 있다. 이러한 과정은 명확한 메타 인지적 성찰과 조절이 동시에 이루어지는 사례라 할 수 있다.

또한 AI 코스웨어는 학습 성과를 단순히 점수가 아닌 진행률이나 성취 경로로 시각화함으로써, 학생에게 더 직관적인 자기 성찰 기회를 제공한다. 학습자는 이를 통해 자신의 학습 궤적을 확인하고, 목표를 스스로 조정하며 학습 과정에 대한 주체성과 책임감을 함께 키워 갈 수 있다.

결과적으로 AI 코스웨어는 학습자에게 단순한 문제 풀이 도구를 넘어, 자기 인식과 성찰을 가능케 하는 사고 확장 도구로 작용한다. 이는 교사가 제공하는 일방적 설명을 보완하고, 학습자 중심 교육을 실현할 수 있는 기술적 기반이 된다.

교육 형평성 실현의 기반으로서의 AI 코스웨어

현대 교육이 지향해야 할 목표는 '평등한 기회'의 제공을 넘어, 학습자 개개인의 필요에 맞는 '공정한 지원'을 제공하는 것이다. 그러나 현실의 교실은 학습 격차가 누적되기 쉬운 구조로 되어 있다. 교사의 수업이 빠르게 따라오는 소수의 학생에게 맞춰지는 사이, 조용히 뒤처지는 다수의 학습자는 점점 수업에서 멀어지게 되는 것이다.

AI 기술을 기반으로 한 코스웨어는 이러한 문제를 해결할 가능성을 제시한다. AI 코스웨어는 학생 각자의 수준에 따라 콘텐츠의 난이도, 제시 순서, 반복 횟수 등을 조정하여 제공한다. 이는 모든 학생이 같은 목표에 도달하되, 각기 다른 방식으로 도달할 수 있도록 도와주는 차별화된 지원이다.

무엇보다도, AI 코스웨어는 교사가 놓치기 쉬운 학습 결손 요인을 조기에 감지하고 개입할 수 있게 도와준다. 반복되는 오답 유형, 특정 단원에서의 비정상적 학습 시간, 낮은 반응률 등의 데이터를 기반으로 이상 신호를 탐지하면, 교사는 더 신속하고 정밀한 학습 지원을 제공할 수 있다. 이러한 기능은 특히 학습 격차 해소와 기초 학력 보장에 효과적이며, 결과적으로 학생 개개인의 학습권이 실질적으로 보장되는 수업 환경을 조성하는 데 이바지한다.

또한, 동일한 콘텐츠가 클라우드 기반으로 제공되며 스마트기기를 통해 손쉽게 접속 가능하다면, 상대적으로 교육 인프라가 열악한 지역이나 다양한 배경을 가진 가정의 학생들도 동등한 질의 학습 경험을 누릴 수 있다. 이는 디지털 접근성만 확보된다면 공교육 내에서 기술 기반의 형평성 보장 메커니즘이 작동할 수 있음을 의미한다.

결국 AI 코스웨어는 '누구나 배울 수 있는 기회'를 넘어 '누구나 배움에 도달할 수 있도록 돕는 구조'를 제공하며, 이는 교육 형평성의 핵심 가치와 정확히 맞닿아 있다.

참고문헌

Flavell, J. H.(1979). Metacognition and cognitive monitoring: A new area of cognitive–developmental inquiry. *American Psychologist, 34*(10).

Hattie, J. & Timperley, H.(2007). The power of feedback. *Review of Educational Research, 77*(1).

Keller, J. M.(1987). Development and use of the ARCS model of instructional design. *Journal of Instructional Development, 10*(3).

04
AI 코스웨어의 유형과 특징

초등 교육 현장에 AI 코스웨어가 본격적으로 도입되면서, 그 유형과 특징을 이해하는 일이 점점 더 중요해지고 있다. 다양한 코스웨어는 각기 다른 강점과 교육적 효과를 지니며, 학생의 수준과 특성에 맞게 활용할 때 더 효과적인 학습이 이루어진다. 초등 교육에서 활용되는 AI 코스웨어의 주요 유형을 살펴보고 효과적인 활용을 위한 특징과 교육적 의미를 분석하고자 한다.

AI와 사주?

AI 코스웨어의 분류 관점

초등 교육 현장에 도입되는 AI 코스웨어는 그 종류와 기능이 매우 다양하다. 어떤 AI 코스웨어를 선택하고 어떻게 활용할지 결정하려면, 먼저 각 유형의 특징을 파악하는 것이 중요하다. 다양한 AI 코스웨어는 학습 지원 방식에 따라 크게 다섯 가지 유형으로 나눌 수 있다.

첫째 유형은 '적응형 학습 시스템'이다. 이 시스템은 학생의 반응에 따라 문제의 난이도와 학습 속도를 조절하여, 각 학생에게 맞는 학습 방법을 제공한다. 둘째는 '지능형 튜터링 시스템'으로, 학생이 어떻게 생각하고 배우는지를 자세히 분석하여 마치 개인 교사처럼 꼼꼼한 맞춤 지도를 해 준다. 셋째 유형인 '대화형 AI 학습 도우미'는 음성이나 텍스트로 학생과 자연스럽게 대화하며 질문에 답하고 학습을 안내한다. 넷째는 '자동 평가 및 피드백 시스템'으로, 학생이 문제를 풀면 바로 채점하고 잘한 점과 부족한 점을 구체적으로 알려 준다. 다섯째인 '몰입형 학습 환경'은 가상현실(VR)이나 증강현실(AR) 기술을 활용해 학생이 직접 체험하며 배울 수 있는 3차원 학습 환경을 제공한다.

이러한 다섯 가지 AI 코스웨어 유형은 각각 다른 특징과 장점을 가지고 있으며, 초등학생의 발달 수준과 흥미에 맞춰 다양하게 활용할 수 있다. 실제 교육 현장에서는 이들이 독립적으로 사용되기도 하고, 여러 기능이 통합된 형태로 활용되기도 한다. 이제부터 각 AI 코스웨어가 어떤 특징을 가졌는지 수업에서 어떻게 도움이 되는지 차례대로 살펴보자.

적응형 학습 시스템

적응형 학습 시스템은 AI 코스웨어의 가장 기본적인 유형이다. 학생의 반응과 성취 수준에 따라 학습 내용의 난이도와 진도를 자동으로 조절한다. 예를 들어 정답을 잘 맞히는 학생에게는 조금 더 어려운 문제를 제공하고, 많이 틀리는 학생의 경우에는 더 쉬운 문제나 기초 개념 설명을 제공한다.

초등학생에게 이 시스템이 유용한 이유는 학생들의 학습 부담을 줄이고 성취감을 느끼도록 해 주기 때문이다. 아이들은 자신의 수준보다 너무 어려운 과제를 만나면 쉽게 포기하고, 반대로 너무 쉬운 과제를 만나면 지루함을 느낀다. 적응형 시스템은 학생의 현재 수준보다 약간 높은 수준의 문제를 제공하여, 학생이 도전 의식과 자신감을 함께 키울 수 있도록 도와준다.

이 시스템의 주요 기능은 난이도 조절, 진도 관리, 개인 맞춤 학습이다. 난이도 조절은 학생의 정답 여부나 반응 속도 등을 분석해 실력에 딱 맞는 수준의 문제를 자동으로 제공하는 기능이다. 진도 관리는 이해한 영역은 빠르게 넘어가고, 어려워하는 부분은 반복 학습을 통해 충분히 익힐 수 있도록 도와준다. 개인 맞춤 학습은 학생의 학습 기록을 바탕으로 가장 적절한 학습 순서와 내용을 안내하여 학생 각자에게 꼭 맞는 학습 경로를 제공하는 기능이다. 이처럼 적응형 학습 시스템은 학생 각자의 수준과 학습 스타일에 맞게 내용을 조절해 주어 학습이 더욱 흥미롭고 효과적으로 이루어지도록 돕는다.

지능형 튜터링 시스템

지능형 튜터링 시스템은 적응형 학습 시스템보다 발전된 형태의 AI 코스웨어다. 이 시스템은 학생 개개인의 생각과 어려움을 정교하게 분석하여 개별 맞춤 지도를 제공한다. 단순히 문제를 맞혔는지 틀렸는지만 보는 것이 아니라, 어떤 방식으로 문제를 풀었는지까지 살펴본다. 그리고 각 학생에게 적합한 교육을 제공하는 것이 특징이다.

이 시스템은 크게 세 가지 기능을 수행한다. 첫째, 학생의 지식수준과 학습 습관을 자세히 관찰하고 분석한다. 둘째, 그 정보를 바탕으로 학생에게 가장 효과적인 설명 방식과 문제 제시 순서를 정한다. 셋째, 각 과목의 교육과정과 학습 내용을 단계별로 나누어 차근차근 안내한다.

초등학생에게는 학습 과정에서 나타나는 어려움이 어떤 부분인지 정확하게 알아내는 것이 중요하다. 예를 들어, 학생이 분수 계산 문제를 틀렸을 때, 단순한 계산 실수인지, 분모와 분자의 개념을 헷갈리는 건지, 아니면 통분 방법을 모르는지까지 구별해서 파악한다. 그런 다음 각각의 원인에 따라 계산 연습, 개념 설명, 또는 단계별 풀이 과정을 다르게 제공한다. 이처럼 지능형 튜터링 시스템은 학생의 사고 과정을 추적하여 정확한 원인을 찾아내고 맞춤형 해결책을 제시한다.

대화형 AI 학습 도우미

대화형 AI 학습 도우미는 학생과 음성이나 텍스트로 자연스럽게 대화하며 학습을 돕는 AI 코스웨어다. 음성 인식, 언어 이해, 응답 생성 기술이 결합해 사람과 비슷한 대화가 가능하다. 주로 다른 AI 코스웨어와 통합되어 제공되는 경우가 많다.

초등학생과 대화할 때는 어려운 말보다는 쉽고 친근

한 표현을 사용하는 것이 중요하다. 또 학생의 관심사를 파악하여 학습 내용과 연결하면 더 재미있게 배울 수 있다. 예를 들어 공룡을 좋아하는 학생에게는 공룡 이름이 들어간 수학 문제를 만들어 제시하는 방식이다.

대화형 AI의 주요 기능은 질의응답, 학습 안내, 학습 동기 부여다. 학생에게 궁금한 점이 생기면 언제든지 물어볼 수 있고, 학생의 수준에 맞춘 쉬운 설명도 들을 수 있다. 학습 과정에서 막히는 부분이 생기면 다음에 무엇을 해야 할지 알려 주고, 칭찬과 격려를 통해 다시 힘을 낼 수 있도록 도와준다. 이처럼 대화형 AI는 학생에게 친근한 학습 동반자 역할을 한다.

자동 평가 및 피드백 시스템

자동 평가 및 피드백 시스템은 AI 기술을 활용해 학생의 답안을 자동으로 채점하고 바로 피드백을 제공하는 AI 코스웨어다. 기존 평가 방식은 시간이 오래 걸리지만 이 시스템은 빠르고 정확하며 일정한 기준으로 평가할 수 있는 장점이 있다. 객관식 문제뿐만 아니라 주관식 답안까지 채점할 수 있도록 점점 발전하고 있다.

이 시스템의 가장 큰 장점은 즉시성이다. 학생이 문제를 푼 뒤 바로 결과를 확인할 수 있어 학습 동기를 유지하는 데 도움이 된다. 초등학생의 경우 빠른 결과를 원하기 때문에 문제 풀이 후 바로 나오는 결과에 대한 피드백은 학습 흥미를 유지하는 중요한 요소다. 또 틀린 부분을 바로 교정할 수 있어 더 효과적으로 배울 수 있다.

초등학생을 평가할 때는 개인마다 다른 성장 속도를 고려하는 것이 중요하다. 발달 단계나 학습 속도가 아이마다 다르기 때문에 같은 평가 기준으로 단정 짓기보다는 개인의 변화와 노력을 살펴보는 것이 필요하다. 피드백도 "틀렸어요"라는 말보다는 "좋은 시도였어요. 이 부분을 다시 생각해 볼까요?"처럼 아이의 노력을 인정하면서 구체적인 방향을 제시해 준다. 이처럼 자동 평가 시스템은 학생에게 빠르고 따뜻한 피드백을 제공하며, 효과적인 학습을 도와주는 든든한 도우미 역할을 한다.

몰입형 학습 환경

몰입형 학습 환경은 가상현실, 증강현실 등 메타버스 기술을 활용하여 학생이 직접 체험할 수 있는 3차원 학습 공간을 제공하는 AI 코스웨어다. 시간과 공간의 제약을 넘어 현실에서는 어렵거나 위험한 활동도 안전하게 경험할 수 있게 해 준다. 학생은 단순히 정보를 받는 것이 아니라 가상 환경에서 직접 탐험하고 실험하며 배우는 능동적인 학습자가 된다.

특히 사회와 과학 교과에서 활용 가능성이 매우 높다. 예를 들어 역사 수업에서는 고대 이집트 피라미드 내부를 직접 탐험하거나 임진왜란 당시의 전장을 체험할 수 있다. 지리 수업에서는 세계 각국의 지형과 기후를 생생하게 관찰할 수 있고, 과학 수업에서는 위험한 화학 실험을 안전하게 수행하고, 태양계를 여행하며 행성의 크기와 거리를 직접 체감할 수 있다.

다만 초등학생을 대상으로 할 때는 몇 가지 주의가 필요하다. VR 기기는 오래 사용하면 어지러움을 느낄 수 있으므로 사용 시간을 20~30분으로 제한하고 중간에 휴식을 주는 것이 좋다. 또 학생이 현실과 가상을 혼동하지 않도록 교사의 충분한 안내와 설명이 함께 이루어져야 한다.

몰입형 학습 환경을 위한 다양한 도구들은 기술과 장비 면에서 준비가 더 필요한 단계이지만 학생들의 흥미를 끌고 이해력을 높이는 데 매우 효과적인 새로운 교육 도구로 주목받고 있다.

AI 코스웨어의 통합적 활용

앞에서 살펴본 다섯 가지 AI 코스웨어는 각각 따로 사용해도 충분한 가치가 있지만, 함께 사용할 때 훨씬 더 큰 교육 효과를 발휘할 수 있다. 예를 들어 초등 수학 수업에서 분수를 배운다고 가정해 보자. 먼저 적응형 학습 시스템이 학생의 분수 이해 수준을 진단하고 적절한 난이도의 문제를 제시한다. 만약 학생들이 문제를 지속적으로 틀린다면 지능형 튜터링 시스템은 학생들이 어떤 개념을 어려워하는지 분석해 주고, 그에 맞는 설명을 제공한다. 학습 중 궁금한 점이 생기면 대화형 AI가 즉시 답변하고, 문제를 풀 때마다 자동 평가 시스템이 실시간으로 피드백을 준다. 마지막으로 몰입형 학습 환경에서 가상의 피자를 직접 나눠 보면서 분수 개념을 몸으로 체험할 수 있다.

이처럼 다양한 시스템을 활용하면 학습의 빈틈을 줄일 수 있는 것이 가장 큰 장점이다. 예를 들어, 적응형 시스템만으로는 학생이 왜 틀렸는지 정확히 알기 어려울 수 있지만, 지능형 튜터링 시스템이 함께하면 오개념의 원인까지 구체적으로 파악할 수 있다. 또 혼자 공부하다 막히는 순간에도 대화형 AI에 바로 질문할 수 있어 학습이 중단되지 않는다. 자동 평가 시스템은 학생이 스스로 자신의 실력을 확인할 수 있게 해 주고, 몰입형 환경은 복잡한 개념도 재미있고 생생하게 익히도록 도와준다.

이렇게 다섯 가지 기술이 서로의 약점을 보완하면서 함께 작동하면 학생은 어떤 상황에서도 적절한 도움을 받을 수 있다.

이러한 통합 환경에서 교사의 역할도 더욱 의미 있게 변화한다. 교사는 반복적인 채점이나 자료 관리에 시간을 쓰기보다 학생들이 AI 코스웨어를 잘 활용할 수 있도록 도와주는 학습 안내자가 된다. 그리고 AI가 대신하기 어려운 창의적 활동이나 친구들과의 협력 프로젝트, 개별 상담 등 사람 중심의 교육 활동에 더 집중할 수 있게 된다.

학생들은 다섯 가지 AI 코스웨어를 활용하면서 자신에게 가장 잘 맞는 학습 방식을 자연스럽게 발견하게 된다. 어떤 학생은 대화형 AI와 이야기하며 배우는 걸 선호하고, 어떤 학생은 몰입형 환경에서 체험하며 배우는 걸 좋아할 수 있다. 이렇게 자신에게 맞는 학습 방식을 알아가는 경험은 자기 주도적인 학습 능력을 키우고, 평생 학습의 중요한 밑바탕이 된다.

참고문헌

이선복(2024). "맞춤형 학습을 위한 지능형 튜터링 시스템의 소개". 《교육과학연구》, 55(1), 161~223쪽.

이순아(2025). “AI 코스웨어 활용이 초등학생의 학업적 자기효능감에 미치는 영향”. 《정보교육학회논문지》, 29(1), 27~34쪽.

05
AI 코스웨어 활용 수업 모델

AI 기술 발전에 따라 수업에 AI 코스웨어를 효과적으로 활용할 수 있는 수업 모형 개발이 교육 혁신 과제로 주목받고 있다. 단순히 수업에 AI 코스웨어를 도입하는 것을 넘어, 학습자 수준에 따라 적용하고 수업의 흐름을 설계하는 체계적인 교수 · 학습 모형이 요구되고 있다. 이런 수업 모형은 AI 코스웨어가 수업에 활용되는 단순한 도구가 아닌 학습 파트너로 활용하는 새로운 교육 생태계를 가능케 한다.

AI와 아이돌?

개념 기반 탐구 수업 통합 모델

개념 기반 탐구 수업 통합 모델(Concept-Based Inquiry Model with AI Courseware)은 AI 코스웨어를 활용하여 초등학생의 개념 이해를 심화하고, 이를 기반으로 탐구 역량을 함양할 수 있도록 설계된 교수 · 학습 모형이다. 이 모델은 전통적인 개념 중심 수업과 탐구 중심 수업의 장점을 융합하면서, AI 코스웨어가 각 단계에서 개별화된 자료 제공과 피드백을 담당함으로써 학습자의 인지적 부담을 조절하고 개념 형성의 깊이를 확장한다.

먼저 진단과 분석 단계에서 학습자의 사전 개념 이해 수준과 학습 요구를 AI 기반 도구를 통해 파악한다. AI 코스웨어는 진단 결과를 바탕으로 개인별 학습 프로파일을 생성하며, 이는 이후 교수 전략 설정과 수업 구성의 기초 자료로 활용된다. 분석 결과에 따라 교사는 학습자의 수준에 맞춘 개념 중심 질문을 설계하고, AI는 이를 자동 분류하여 적절한 질문과 자료를 개별화하여 제공한다.

다음으로 진행되는 수업 설계 단계는 총 다섯 가지 학습 활동으로 구성된다. 첫째 단계는 '개념 질문' 활동으로, 학습자는 AI가 제시하는 핵심 개념에 관한 질문을 접하게 된다. 이 질문은 개념 사이의 관계나 적용 가능성을 탐색하도록 유도하는 구조다. 이어지는 둘째 단계인 '과제 탐색' 활동에서는 학생이 AI 코스웨어를 통해 제시된 텍스트, 이미지, 데이터 시트 등 다양한 탐구 자료를 분석하고, AI는 학습자의 검색 및 반응 기록을 바탕으로 자료의 수준과 유형을 자동 조정하여 제공한다. 셋째 단계인 '과제 해결' 활동에서는 탐색한 자료를 바탕으로 문제를 해결하거나 자신의 아이디어를 정리하고 표현하게 된다. 이 과정에서 AI는 학생의 언어적 · 논리적 사고 과정을 분석하고, 필요한 경우 피드백이나 보충 자료를 제공한다. 넷째 단계인 '개념 성찰'에서는 앞서 수행한 활동을 토대로 개념 구조를 재정리하며, 학생은 자신의 이해도를 메타 인지적으로 점검할 수 있도록 AI의 요약 정리 기능 또는 자동 개념 맵 기능을 활용한다. 다섯째 단계인 '전이 촉진'에서는 학습한 개념을 새로운 맥락이나 실제 문제 상황에 적용해 보는 활동이 이루어지며, AI는 이를 위한 상황 기반 시뮬레이션이나 응용문제를 제시한다.

마지막으로 이 수업 모형의 핵심은 AI 코스웨어가 학습자의 사고 흐름과 개념 형성 과정을 지속적으로 추적 · 지원하면서, 학생이 주체적으로 문제를 정의하고 개념을 구조화하도록 돕는 데 있다. 특히 개념 이해와 탐구의 분리된 단계를 AI 기술을 활용해 유기적으로 연결함으로써, 학생은 개념 중심의 학습을 실제 탐구로 확장하는 경험을 얻게 된다.

결과적으로 본 모형은 AI 코스웨어를 단순한 보조 자료 생성 도구가 아닌, 개념 중심 수업을 탐구 중심 수업과 통합하는 중재자로 설계한 점에서 의미가 크다. 정민수(2024)의 연구에 따르면 이 모형은 개념 이해도, 자기주도 학습 역량, 학습 지속 동기에 긍정적 영향을 주었으며, 특히 다양한 수준의 학습자에게 맞춤형 학습 경로를 제공하는 데 효과적이었다. 이는 AI 코스웨어를 중심으로 구성된 수업 설계가 교사의 교수 전략을 확장할 뿐만 아니라, 학생의 사고 수준에 맞는 정교한 학습 경험을 가능하게 한다는 점에서 교육 현장에 실질적으로 이바지할 수 있는 모델이다.

AI 기반 읽기 수업 모형

AI 기반 읽기 수업 모형(AI-Based Reading Instruction Model)은 인공지능의 시선 추적 기술과 학습 분석 기능을 바탕으로, 학습자의 읽기 행동과 이해 과정을 정밀하게 진단하고, 이를 기반으로 맞춤형 읽기 활동을 설계하는 교수 학습 모형이다. 특히 이 모형에서는 학습자의 주의 집중 영역, 이해 속도, 시각적 경로 등을 AI가 실시간으로 수집하고 분석함으로써, 교사는 더욱 정교하고 개인화된 읽기 지도를 실현할 수 있다.

첫째, 수업은 시선 패턴 분석 단계다. 이 단계에서 AI는 디지털 리더기나 태블릿 등에서 학습자의 시선 이동, 정지 시간, 회귀 행동 등을 감지하여 읽기 전략을 진단한다. 이러한 데이터는 학습자의 주의 분산 지점이나 반복 읽기 경향, 정보 통합 능력 등을 객관적으로 파악하는 데 활용된다.

둘째, 읽기 능력 진단 단계다. 이 단계에서는 시선 데이터와 AI 분석을 기반으로 학습자의 읽기 수준을 정량화하고, 주요 약점과 강점을 추출한다. 예를 들어, 핵심어에 시선이 머무르지 않는 경우 중심 내용 파악 능력이 낮을 가능성이 있으며, 긴 문장에서 시선 회귀가 많다면 문장 구조 이해에 어려움을 겪고 있을 수 있다.

셋째, 맞춤형 자료 제공이다. AI는 진단 결과에 따라 학습자의 수준과 특징에 맞춘 읽기 자료(텍스트, 시각 자료, 음성 안내 등)를 자동으로 구성한다. 이를 통해 학습자는 자신의 읽기 문제를 자각하고, 흥미와 적절한 난이도를 유지하면서 읽기 활동에 몰입할 수 있다.

넷째, 수업 재구성 및 피드백 단계다. 이 단계에서는

AI가 학습자의 반응을 토대로 실시간 피드백을 제공하고, 교사는 이를 바탕으로 수업 내용을 조정하거나 추가 지원을 제공한다. AI는 읽기 과정에서의 성공률, 오독 패턴, 읽기 소요 시간 등을 기록해 학습 이력을 지속적으로 관리하며, 학습자는 자신의 읽기 행동을 점검하고 개선 방향을 설정할 수 있다.

이 모형은 정량적 데이터와 정성적 지도가 결합한 형태로, AI를 활용하여 학습자의 읽기 과정을 '보이는 학습'으로 전환한다. 특히 개인화된 자료 설계와 실시간 피드백 기능은 학습자의 자기 주도성과 읽기 전략 향상에 효과적이며, 교사에게 더 정확한 진단과 수업 조정 근거를 제공한다. 결과적으로 AI 기반 읽기 수업 모형은 초등 읽기 교육의 정밀화, 맞춤화, 실시간화를 실현하는 대표적인 수업 설계 모델로 평가된다.

AI 기반 수학 디지털 교과서의 학습자 데이터 구축 모델

AI 기반 수학 디지털 교과서는 단순히 디지털 콘텐츠를 제공하는 데 그치지 않고, 학습자의 문제 해결 과정에서 생성되는 모든 학습 활동 데이터를 수집·분석하여 개인 맞춤형 피드백을 제공하는 데이터 중심 수업 모델을 지향한다. 이 모델은 인공지능 기술과 교육학적 진단 체계를 융합하여, 학습자의 사고 경로, 오류 유형, 시간 활용 방식 등 세부적인 학습 데이터를 실시간으로 구축하는 것이 특징이다.

첫째, 학습자 진입 분석 단계다. 수업이 시작되면 AI는 디지털 교과서에 로그인한 학습자의 이력 데이터를 기반으로 개인 맞춤형 학습 경로를 설정한다. 이전 단원에서의 성취도, 소요 시간, 반응 패턴 등을 분석하여 학습자의 강점과 약점을 예측하고, 이에 따라 진입 콘텐츠의 난이도나 문제 유형이 자동 조정된다.

둘째, 문제 해결 및 반응 수집 단계다. 이 단계에서는 학습자가 디지털 교과서 내의 수학 문제를 해결하는 동안, AI가 실시간으로 입력 속도, 정답 여부, 풀이 순서, 힌트 요청 여부 등 다양한 행동 데이터를 수집한다. 이 데이터는 단순 정오 판단이 아닌 사고 흐름과 전략 사용 여부까지 추론하는 데 활용된다. 특히 복잡한 서술형 문제나 멀티 스텝 문제에서의 접근 방식은 AI가 수리적 사고 과정의 특성과 오류 패턴을 학습자별로 파악할 수 있도록 해 준다.

셋째, AI 분석 및 피드백 단계다. 이 단계에서는 수집된 데이터를 바탕으로 AI가 학습자의 이해 부족 개념, 오

개념의 원인, 정답 도출 전략 등을 분석하여 피드백을 제공한다. 예를 들어, 동일한 유형의 실수를 반복하거나 지나치게 많은 힌트를 요청하는 경우, AI는 기초 개념 복습 콘텐츠를 자동 제공하거나 영상 설명을 제시함으로써 학습을 보정 한다.

넷째, 학습자 데이터 시각화 및 누적 기록 관리 단계다. 이 단계에서는 학습자의 진도와 정확도, 개념별 성취도 등이 시각화되어 제공된다. 교사는 이 데이터를 바탕으로 수업 중 소집단 개입이나 개별 학습 지도를 계획할 수 있으며, 학습자 본인도 자신의 성장 경로를 인식하고 자기 주도 학습을 설계할 수 있다.

이 모델은 AI 기반 수학 수업의 전 과정을 데이터 중심 학습 설계로 구조화한 점에서 의의가 크다. 특히 단원별 성취 수준만이 아닌, 학습자 사고의 맥락을 동적으로 분석·기록함으로써, 정교한 맞춤형 교육과 수업 피드백 설계를 가능하게 한다. AI는 이 모델에서 수학적 사고 분석자이자 학습 진단 보조자, 개별화 학습 관리자 역할을 동시에 수행하며, 디지털 교과서의 미래형 활용 방향을 제시한다.

AI 코스웨어 활용 교수·설계 모델 및 체크리스트

이 모델은 수업 흐름에 맞추어 AI 코스웨어를 안정적이고 일관되게 적용할 수 있도록 설계되었으며, 본 교수설계 모형은 총 세 단계로 분석, 설계 · 개발, 실행 · 평가로 구성된다.

첫째, 분석 단계다. 먼저 이 단계에서는 학습자의 특성과 수준, 교수 목표, 교육 환경 등을 종합적으로 진단하여 AI 코스웨어의 활용 가능성을 판단한다. 이를 통해 수업의 목적과 맥락에 부합하는 코스웨어를 선별하고, 통합 전략을 설정할 수 있는 기반이 마련된다.

둘째, 설계 및 개발 단계다. 이 단계는 교수 전략 수립, 학습 자료 설계, AI 코스웨어와의 연계 방식, 피드백 전달 경로, 인터페이스 사용법 등 수업 구성 요소가 구체화된다. 특히 이 단계에서는 수업을 설계하는 데 참고할 수 있도록 총 47개의 체크리스트 항목이 제공되며, 수업 전 · 중 · 후의 실행 가능성과 타당성을 객관적으로 점검할 수 있도록 설계되었다.

셋째, 실행 및 평가 단계다. 이 단계에서는 마지막으로 설계된 수업을 실제 교육 현장에 적용하고, AI 코스웨어의 작동 방식과 학생 반응을 분석하여 수업의 효과성과 완성도를 검토한다. 학습자의 성취도 변화뿐 아니라, 교사의 실행 경험에 대한 분석도 포함되어 있으며, 피드백을 반영해 수업 구조를 재구성할 수 있도록 안내한다. 이런 순환적 적용 구조는 수업의 질을 개선하고, 현장 적용성을 높이는 데 이바지한다.

이 모델은 AI 코스웨어를 수업 설계와 실행 전반에 활용할 수 있는 교수 · 학습 설계 도구로 정착시켰다는 데 있다. 특히 AI 활용 경험이 적은 교사들도 명확한 단계별 설계 기준과 지침을 통해 수업을 구성할 수 있어, 현장 적합성과 일반화 가능성을 두루 갖춘 실천형 설계 모델로 평가된다.

참고문헌

김소연 외(2022). "인공지능교육을 위한 수업설계모형 및 체크리스트 개발". 《공학교육연구》, 25(6), 81~92쪽.

이화영(2023). "개별 맞춤형 학습을 위한 인공지능(AI) 기반 수학 디지털교과서의 학습자 데이터 구축 모델". 《초등수학교육》, 26(4), 333~348쪽.

임미성(2024). "인공지능(AI)을 활용한 읽기 수업 모형 구안: 시선 패턴 분석 및 읽기 능력 진단 코스웨어 활용 사례를 중심으로". 《독서연구》, 73, 113~140쪽.

정민수(2024). "AI 코스웨어 활용 개념 기반 탐구학습 모형 통합 모델 연구". 《미래교육연구》, 14(4), 103~130쪽.

06
AI 코스웨어 활용 수업의 실제

AI 코스웨어는 교실 내 격차를 줄이고, 학생 개개인의 수준과 성장에 맞춘 맞춤형 수업을 가능하게 한다. 2022 개정 교육과정이 지향하는 참여 중심, 탐구 중심 수업을 실현하기 위해 AI는 이제 선택이 아닌 필수 요소다. 그렇다면 AI 코스웨어를 활용한 실제 수업은 어떻게 이루어질까? AI 코스웨어를 활용한 수학과 영어 수업의 실제 흐름을 살펴보고, 이를 통해 AI 코스웨어의 교육적 가능성과 효과를 조명하고자 한다.

AI와 야구?

AI 코스웨어로 구현하는 수학 수업

2022 개정 교육과정은 수학을 단순히 계산 능력을 기르는 과목이 아닌 비판적 사고력, 창의적 문제 해결력, 실생활과 연계된 탐구 능력을 키우는 데 중점을 둔다. 이를 위해 학생들은 공동으로 문제를 해결하고, 자기 생각을 표현하며, 다양한 방식으로 수학 개념을 탐구하는 활동 중심 수업에 참여해야 한다. 하지만 이러한 수업을 원활하게 운영하려면 학급 내 학생들의 수학적 이해 수준이 일정 수준 이상으로 확보되어야 한다는 전제가 필요하다. 모든 아이가 비슷한 출발선에서 시작하지 않으면 활동 자체가 의미를 잃거나, 소수의 학생에게만 집중되는 수업이 되기 쉽다.

이러한 문제를 해결하는 데 AI 코스웨어는 강력한 도구가 될 수 있다. 수학 AI 코스웨어는 학생 개개인의 학습 이력을 분석하여 현재 학습 상태를 실시간으로 진단해 준다. 학생이 어떤 개념에서 어려움을 겪고 있는지, 어떤 유형의 문제를 반복해서 틀리는지를 정확하게 시각화된 리포트로 제공함으로써, 교사와 학생 모두 학습의 방향을 명확하게 설정할 수 있게 된다. 또한 성장 중심 평가를 운영하기 위한 기반도 제공한다. AI 코스웨어는 각 학생의 문제 풀이 과정을 데이터로 누적 · 분석하여 단순히 정답을 맞혔는지를 넘어 학습 태도, 진도, 오답 유형까지 체계적으로 관리해 준다. 교사는 이런 데이터를 토대로 수업의 흐름을 조정하거나, 피드백을 제공할 수 있어 학생의 성장 과정을 정량적 · 정성적으로 모두 평가할 수 있는 여건이 마련된다.

실제 수업에서는 AI 코스웨어가 교사의 업무를 덜어주는 동시에 학생 맞춤형 지원을 가능하게 한다. 예를 들어, 기존에는 교사가 수학 익힘책을 일일이 채점해야 했지만, AI 코스웨어를 활용하면 학생이 문제를 푸는 즉시 자동으로 채점과 분석이 이루어진다. 교사는 채점에 드는 시간을 줄이고, 그 시간을 기초 학습에 어려움을 겪는 학생을 집중적으로 도와주는 데 활용할 수 있다. 동시에 학생은 자신의 오답 유형만을 선별해 복습할 수 있어, 종이 문제집을 풀 때보다 적은 학습량으로도 높은 학습 효율을 경험하게 된다.

AI 코스웨어는 영재나 학습 부진 학생을 조기 발견하는 데도 유용하다. 기존의 교과서나 문제집 중심 수업에서는 개별 학생의 특성을 파악하기 어려웠던 반면, AI 분석 결과를 통해 평균적인 학습 곡선에서 벗어나는 학생을 빠르게 식별할 수 있다. 별도의 진단 검사를 시행하지 않더라도, 학습 패턴만으로도 고난도 문제를 빠르게 해결하는 영재형 학생과 기초 개념에서 반복적으로 어려움을 겪는 학생을 찾아낼 수 있다.

수학 과목의 '자료와 가능성' 영역에서도 AI 코스웨어는 효과적으로 활용될 수 있다. 예를 들어, 디지털 교구를 활용한 그래프 그리기 활동은 종이와 자를 활용하던 방식보다 직관적이고 오류가 적다. AI 코스웨어에 탑재된 그래프 작성 도구나 표 만들기 기능은 학생이 쉽게 수치를 입력하고 결과를 시각화할 수 있도록 도와주며, 데이터 해석 활동의 질을 높여 준다. 이는 통계적 사고력과 정보 활용 능력을 기르는 데 매우 효과적이다.

이처럼 수학 AI 코스웨어는 단순한 문제 풀이 도구를 넘어, 학생 개별 학습의 출발선을 맞추고, 교사의 피드백과 평가를 정교하게 하며, 탐구 중심의 수업이 가능하도록 돕는 교육적 도구다.

AI 코스웨어를 활용한 수학 수업 흐름

AI 코스웨어를 활용한 수학 수업은 보통 진단-보정-학습-응용-정리의 흐름으로 진행된다. 우선 수업 시작 단계에서 학생들은 AI 코스웨어를 통해 주로 지난 차시의 주요 개념에 대한 간단한 진단 문제를 푼다. 진단의 목적은 오늘 학습할 부분을 배울 준비가 되어 있는지를 확인하는 데 있다. 이때 진단에 통과하지 못한 학생들은 해당 개념을 잘 이해한 친구들의 도움을 받아 보정 학습을 진행하는 구조로 수업을 설계하는 것이 효과적이다. 이는 전체 학생이 비슷한 출발선에서 오늘의 수업을 시작할 수 있도록 하기 위함이다. 이렇게 하면 개념을 이해한 학생들에게 의미 있는 역할을 부여할 수 있고, 교실 전체의 학습 분위기도 협력적으로 조성된다.

다음으로 교사는 오늘 학습할 수학 개념을 설명한다. 이때는 에듀테크나 AI 디지털 교과서(AI Digital Textbook, AIDT)를 활용해 개념을 학습할 수 있다. 특히 상호 작용 콘텐츠, 시각 자료, 시뮬레이션 도구, 디지털 교구, 동영상 자료 등을 제공하여 맥락 속에서 체험할 수 있게 해 줄 필요가 있다. 이 과정에서 교사는 일방적으로 설명하기보다 경험을 끌어내는 질문, 간단한 조작 활동을 병행하여 학생 스스로 개념에 도달할 수 있게 하는 것이 좋다.

개념 설명이 끝나면 학생들은 수학 익힘책 대신 AI 코스웨어에서 제공하는 개념 확인 문제, 기본 문제 풀이 활동에 들어간다. 이 단계에서 AI는 문제 풀이 시간, 오답 유형 분석, 오류 패턴까지 분석해 학생들이 해당 차시의 목표를 달성할 수 있게 수준, 특성, 흥미에 맞는 학습 자료를 자동으로 제공한다.

학생이 문제 풀이 중 어려움을 겪으면, AI는 자동으로 관련 개념 설명 영상이나 개념 안내 자료를 제시한다. 학생은 필요한 자료를 확인하며 스스로 부족한 개념을 보완할 수 있다. 이 과정에서 교사는 소외된 학생들에게 집중해야 한다. AI의 도움을 받아도 학습에 어려움을 겪는 학생들에게 추가 설명을 해 주거나, 필요한 경우 해당 학생의 진도를 잠시 멈추고 기초 개념부터 설명할 필요가 있다.

반대로 빠르게 문제를 해결한 학생에게는 심화 문제나 실생활 응용문제를 제시하여 학습에 깊이를 더할 수 있다. 이렇게 교사는 AI가 다양한 측면에서 조사한 데이터를 바탕으로, 학생별로 차별화된 수업을 지원할 수 있게 되고, 학생 역시 자신의 수준에 맞는 과제를 해결하면서 자기 주도적 학습 태도를 기를 수 있다.

학습의 마지막 단계에서는 모둠별 활동이 진행된다. 각 모둠은 상, 중, 하의 학생이 골고루 섞여 있으며, 각 모둠은 서로 힘을 모아 선생님이 제시한 실생활 연계 문제, 응용문제, 비판적 사고 문제를 함께 해결한다. 이 활동을 통해 학생들은 오늘 배운 개념을 실제 맥락 속에서 적용하며, 자기 생각을 친구들과 나누고 협력하는 경험을

하게 된다.

이런 수학 AI 코스웨어 기반의 수업 흐름은 단순히 '디지털 문제집'의 수준을 넘어 학생 개개인의 학습 경로를 설계하고, 수업의 흐름을 유연하게 조절할 수 있도록 해주는 강력한 도구가 될 수 있다. 그리고 기존의 수업에서는 소외되었던 상위권 그룹과 하위권 그룹의 학생들 모두 참여할 기회를 제공한다.

영어 말하기 능력과 AI 코스웨어

주변에서 흔히 말하는 '영어 능력자'를 한번 떠올려 보자. 대개 그 사람은 원어민에 가까운 발음으로 영어를 유창하게 구사하는 사람일 것이다. 이처럼 많은 이들은 영어를 얼마나 유창하게 말하느냐를 영어 실력을 판단하는 중요한 기준으로 삼는다. 말하기 능력은 언어로 의사소통하는 가장 기본적인 능력이자 상대방과 상호 작용을 할 수 있는 가장 즉각적이고 실용적인 수단이기에 영어 교육에서도 말하기 능력의 중요성이 꾸준히 강조되고 있다.

2022 개정 교육과정에서는 영어 교과 학습의 총괄적인 핵심 역량을 영어 교육의 궁극적 지향점인 '영어 의사소통 역량'으로 명명하고 있다. '영어 의사소통 역량'이

란 가장 널리 통용되는 소통의 수단인 영어로 제시된 다양한 정보를 습득하고, 문화적 산물을 향유하며, 영어로 자기 생각을 창의적으로 표현하고, 영어 사용 공동체 참여자들과 협력적으로 상호 작용을 할 수 있는 역량을 말한다(교육부, 2022). 특히 말하기 능력은 학습자의 의사소통 역량을 직접적으로 보여 주는 핵심 요소이기에, 대부분의 학교 수업에서는 학생들에게 말하기 기회를 자주 부여하고 그 과정에서 평가를 이어가는 '발화 중심 수업'이 이루어지고 있다.

하지만 전통적인 교실 수업에서 '발화 중심 수업'을 운영하는 데는 현실적인 어려움이 있다. 실제 수업 시간에 교사가 영어로 말할 기회를 제공해도, 적극적으로 손을 들어 말하기 연습에 참여하는 학생은 매우 드물다. 대부분의 학생은 실수에 대한 두려움, 수줍음, 자신감 부족 등 내적인 이유로 발표를 꺼린다. 이러한 상황은 어린 학생들뿐만 아니라 누구에게나 해당한다. 준비가 되지 않은 상태에서, 많은 사람 앞에서 갑자기 말해야 하는 상황을 떠올려 보면 쉽게 이해할 수 있다. 특히 영어 말하기 능력의 향상은 단기간에 이루어지지 않으며, 습득이 충분히 준비되기 전에 교실에서 말하기를 강요당하면 아이들에게 상당한 불안감을 야기할 수도 있다(Krashen,

2020).

이러한 문제를 해결하는 데 영어 AI 코스웨어는 효과적인 대안이 될 수 있다. 학생들은 AI 코스웨어를 활용함으로써 또래의 시선을 의식하며 말하기를 연습해야 하는 부담에서 벗어날 수 있으며, 시간과 장소의 제약 없이 무제한으로 말하기 연습을 할 수 있다는 점에서 전통적인 영어 학습 방식보다 뚜렷한 장점이 있다. 또한 AI 코스웨어는 학습자의 실수에 대한 심리적 부담을 줄여 주며, 학습자 개개인의 수준과 필요에 맞춘 과제를 제공함으로써 영어 수업에 대한 흥미와 참여도를 높이는 데에도 큰 도움이 된다.

AI 코스웨어를 활용한 영어 수업 흐름

수업에 활용되는 AI 코스웨어의 종류와 기능에 따라 구체적인 수업 방식에는 다소 차이가 있을 수 있으나, 영어 수업에서 AI 코스웨어를 활용하는 전반적인 흐름은 다음과 같다.

우선 교사는 AI 코스웨어를 활용하여 학생들의 영어 실력을 진단한다. 진단 테스트는 간단한 어휘를 확인하거나, 단어를 들려주고 해당하는 그림을 선택하게 하는 방식 등으로 구성된다. 이후 진단 결과를 바탕으로 교사는 학생들의 수준에 맞추어 수업 목표와 학습 주제를 설정한다.

수업 도입 단계에서는 AI 코스웨어에서 제공하는 콘텐츠를 활용하여 흥미를 유발하는 활동을 제시한다. 예를 들어, AI 기반 플래시 카드를 통해 핵심 어휘를 반복적으로 연습시키며, 이어질 핵심 영어 표현 학습에 대한 이해를 높이는 준비 활동을 진행할 수 있다.

본 활동에서는 교사가 중심이 되어 해당 차시의 주요 표현을 지도한다. 학습한 내용을 강화하기 위해 다양한 상황을 설정하여 영어로 말하는 발화 훈련을 하는데, 이때 학생들은 AI와 대화를 나누거나 자신의 발화를 녹음하여 연습한다. AI는 실시간 음성 인식 기술을 활용해 학생들의 발음, 문법, 표현 오류를 분석하고 즉각적인 피드백을 제공한다. 학생들은 자신의 발음과 표현 정확도를 수치로 확인할 수 있으며, 부족한 부분을 반복 연습하여 어휘 및 표현의 정확성을 높일 수 있다.

정리 활동으로는 대개 학생들의 자기 주도적 반복 학습이 이루어지며, 이 과정에서는 AI 코스웨어가 제공하는 게임화된 임무가 활용되기도 한다. 게임화(Gamification) 요소는 특히 어린 학생들의 자기 주도적 학습을 강화하고 지속적인 학습 동기를 유발하는 데 긍정적인 영향을 미친다. 다만, 지나친 게임화 요소의 활용은 학습의 목적과 수단이 뒤바뀌는 부작용을 초래할 수 있으므로 적절한 통제가 필요하다.

모든 과정에서 학생들의 학습 활동은 누적 기록되며, 교사는 학생별 진행 상황, 강점과 약점, 참여도를 실시간으로 확인할 수 있다. 이를 바탕으로 필요에 따라 개별 피드백을 제공하여 학습 효과를 더욱 높일 수 있다.

이처럼 AI 코스웨어를 활용한 수업은 교수 · 학습의 방식에 변화를 불러오는 교육 혁신의 핵심이다. 수학에서는 개별 맞춤형 진단과 피드백을 통해 탐구 중심 수업을 지원하고, 영어에서는 반복 연습과 즉각적인 피드백으로 말하기 능력을 효과적으로 향상한다. 교사는 업무 부담을 줄이고 학생은 자신의 수준에 맞는 학습을 할 수 있어, 수업의 질과 학습 효율이 함께 높아진다. AI와 교사의 협력은 미래 교실의 새로운 표준이 될 것이다.

참고문헌

교육부(2022). "교육과정 원문 및 해설서" (2022 개정 교육과정 영어과 교육과정 총론). https://ncic.re.kr/dwn/ogf/inventory.cs

Krashen, S.(2020). Optimal Input. *Language Magazine, 19*(3).

07
공교육 AI 코스웨어: AIDT의 도입과 미래

공교육에서 AI 기술의 도입은 개별화된 학습 지원, 실시간 진단과 피드백, 자기 주도적 학습 유도 등 교육 현장의 다양한 가능성을 열어 주고 있다. 그러나 그 효과에 대해서는 여전히 다양한 평가가 존재한다. 공교육 AI 코스웨어라고 할 수 있는 AIDT의 도입 배경과 운영 현황, 그리고 현장에서 나타난 다양한 반응과 향후 과제를 중심으로, 보다 균형 잡힌 시각에서 그 미래를 조망해 보고자 한다.

AI와 윤동주?

디지털 전환 시대와 AIDT

대한민국 교육은 디지털 대전환이라는 거대한 흐름 속에 놓여 있다. AI의 빠른 발전과 더불어 정보 처리, 분석이 자동화되는 시대가 도래했다. 최근에는 은행, 배달 플랫폼, 고객 상담 시스템 등 다양한 분야에서 AI 기술이 적극적으로 활용되며 AI는 일상에서 더 이상 낯설지 않은 존재가 되었다. 그 영향력은 공교육에서도 예외가 아니다. 특히 팬데믹 이후 원격 수업을 경험한 학교 현장은 디지털 기술에 대한 수용도가 높아졌으며, 이를 바탕으로 디지털 기반 교육 환경을 구축하려는 흐름이 가속화되고 있다.

교육부는 2023년 6월 'AI 디지털 교과서 추진 방안'을 발표하며 AI 디지털 교과서(AI Digital Textbook, AIDT) 개발에 본격적으로 착수했다. AIDT는 단순한 교과서의 디지털화가 아니라, 인공지능 기술을 활용해 학습자의 수준을 진단하고 맞춤형 학습을 제공하는 지능형 학습 플랫폼을 지향한다. 사실 교과서의 디지털화 시도는 2008년부터 있었으나 서책형 교과서와 차별성 부족, 기반 환경 미비 등의 이유로 현장에서 적극적으로 활용되지 못하고 있다. 이에 교육부는 개발 착수 단계부터 이러한 한계점을 극복하고자 AIDT를 통해 학습자의 수준에 맞춘 1:1 개별화 학습, 교사의 수업 설계 및 평가 지원, 실시간 피드백 기반의 자기 주도적 학습을 실현하고자 하였다. 실제로 2023년 8월 공개된 AIDT 개발 지침에 따르면 맞춤형 콘텐츠 추천, 상호 작용 중심 수업, 디지털 리터러시, 다양한 학습자들의 특성을 고려하여 교육과정을 설계하는 보편적 학습 설계(UDL) 기반의 기능 등을 핵심 요소로 명시하고 있는 것을 확인할 수 있다.

교육부는 이후 교과용 도서에 관한 규정 개정, 초중등 디지털 인프라 개선 계획, 교육 혁신 역량 강화 지원 방안 등을 차례로 발표하며 개발과 현장 적용 속도를 높였다. 특히 예산 투입 규모에서도 정책적 의지를 엿볼 수 있었는데, AIDT 개발뿐 아니라 이를 실제로 작동시킬 수 있는 기반과 연수, 모니터링 체계를 병행 구축하려는 움직임이 뚜렷했다.

AIDT의 현장 적용과 다양한 반응

AIDT의 현장 도입 과정은 결코 순탄치 않았다. 인공지능 기술이 교육에 적용되는 것에 대해 교원 단체와 학부모, 시민 단체 등은 강하게 우려를 표하며 AIDT 도입을 반대했다. 특히 스마트 기기 과다 사용에 따른 중독 문제, 주의력 저하 같은 부작용, 사고력 저하 가능성, 학생의 학습 데이터가 축적되는 과정에서의 개인 정보 보호 문제 등은 지속적인 논란의 대상이 되었다. 실제로 AIDT의 도입을 유보해 달라는 국민 청원이 올라왔고, AIDT 도입 중단을 촉구하는 서명 운동이 전개되기도 했다. 여기에 정치적 상황 변화가 겹치며, 교육부가 애초 계획했던 2025년 3, 4학년 국어, 수학, 영어, 정보 교과를 시작으로 2027년까지 전 학년에 확대한다는 일정도 일부 조정되었다. 결국 2024년 11월, 교육부 장관은 'AI 교과서 도입 조정안'을 발표하며 AIDT의 도입 속도를 늦추고 국어와 실과 교과는 AIDT 도입을 취소하기로 발표했다.

2025년 3, 4학년 수학, 영어, 정보 교과에는 예정대로 AIDT가 도입되었다. 이에 대한 현장의 반응은 엇갈렸다. 긍정적인 반응부터 살펴보면, AIDT의 맞춤형 진단 기능과 수준별 학습 콘텐츠 제공이 학생 이해도를 높이는 데 효과적이었다는 평가가 있었다. 학습 속도가 느리거나 반복 학습이 필요한 학생들에게는 개별화 콘텐츠가 유의미하게 작용한다는 점도 긍정적인 부분이었다. AIDT 하나로 교과서, 수학 익힘, 평가 자료 등을 통합할 수 있어 학생의 학습 포트폴리오를 체계적으로 누적 · 관리할 수 있다는 점도 긍정적으로 평가되었다. 수업 중

화면 공유 기능이나 집중 모드 기능 등은 기존 AI 코스웨어에 비해 수업 흐름을 유지하고 학생 참여를 유도하는 데 효과적이라는 의견도 있었다.

반면, 아쉬운 점도 적지 않았다. 먼저 AIDT 사용을 위한 학부모 동의 절차와 가입 과정이 복잡하다는 지적이 있었다. 기술적 불안정성에 대한 문제도 지속적으로 제기되었는데, 접속 오류나 자동 로그아웃, 반응 지연 등이 빈번히 발생하면서 서책형 교과서에 비해 오히려 교사의 수업 운영 부담을 가중한다는 평가가 나왔다. 평가 기능에 대해서도 종이 기반에 비해 몰입도가 떨어진다는 우려가 있었으며, AIDT의 핵심 기능인 AI 튜터나 보조교사의 성능이 기대에 미치지 못한다는 비판도 제기되었다. 특히 AI 진단 결과의 신뢰성과 피드백의 적절성에 한계가 있다는 점은 개선이 필요한 부분으로 꼽힌다. 아울러 수업 설계의 유연성이 떨어지고, 수업을 재구성하거나 조정하는 기능이 부족하다는 점도 현장에서 제기된 주요한 문제였다.

AIDT의 올바른 방향과 개선 과제

2025년 8월, 초 · 중등교육법 개정안이 국회를 통과하며 AIDT는 '교과서'의 지위를 잃고 '교육자료'로 규정되었다. AIDT의 전면 도입 계획은 논쟁과 시행착오 끝에 대폭 수정되었지만, 공교육에 AI를 도입하려던 정책적 지향점 자체는 여전히 중요한 과제로 남아 있다. AI 기술이 사회 전반에 걸쳐 빠르게 확산하고 있는 지금, 공교육이 그 흐름에서 소외되어서는 안 되며, 오히려 공교육이 나서서 교육의 형평성과 질을 보장하는 방향으로 기술을 설계하고 운용해야 할 책무가 있다.

특히 디지털 기술의 속성상 '규모의 경제'와 '데이터 기반 경쟁력'은 민간 기업에 의한 독점 가능성을 높인다. AI 기술은 개발 초기 단계에서 축적된 데이터와 알고리즘 성능에 따라 격차가 크게 벌어지며, 이미 세계 시장을 선점하고 있는 해외 대형 AI 플랫폼 기업들이 국내 교육 시장에 영향을 미칠 가능성도 높아지고 있다. 구글, 마이크로소프트, 오픈AI 등은 이미 교육 분야에서 자사 플랫폼 기반의 AI 서비스 확장을 시도하고 있으며, 이들이 제공하는 기술력과 편의성은 단기적으로 학교 현장의 선택을 받기 쉬운 구조다. 그러나 이러한 흐름이 장기적으로 이어질 경우, 국내 공교육의 공공성과 중립성은 심각하게 훼손될 수 있다. 이는 최근 전 세계적으로 중요성이 커지고 있는 '소버린AI', 즉 데이터와 인프라, 알고리즘에 대한 국가적 주권을 확보하려는 흐름과도 직결되는 문제다. 국가 차원의 명확한 방향 설정과 교육적 통제가 없다면 결국 외부 기술에 종속된 형태로 운영될 수밖에 없다. 따라서 국가 주도의 AI 코스웨어 개발은 단지 기술 도입을 넘어, 교육 데이터 주권을 지키고 미래 세대를 위한 교육의 자율성을 보장하는 필수 과제다. 민간과의 협력은 불가피하지만, 기술 의존이 공교육의 핵심 가치를 위협하지 않도록 공적 통제 체계가 반드시 마련되어야 한다.

이와 함께 비용 문제 역시 향후 중요하게 고려해야 할 과제이다. 교육 예산에는 한계가 있으며, AI 기반 코스웨어의 개발과 안정적인 운영에는 상당한 재원이 소요된다. 일부 학교 현장에서는 AI 관련 예산이 과도하게 배정되면서, 정작 기초 학습 지원이 필요한 학생들을 위한 인력 배치나 보조 학습 자원 확보가 어려워졌다는 불만도 제기되었다. AI 기술이 미래 교육의 중요한 축인 것은 분명하지만, 그에 따른 예산 배분이 전체 공교육 시스템 안에서 균형 있게 이루어져야 한다는 점도 분명히 인식해야 한다.

이러한 배경 속에서, 이미 개발되어 일정 수준의 성과를 보이는 AI 기반 교육 도구들을 적극 활용하는 것도 하나의 대안이 될 수 있다. 예컨대 'AI 펭톡'이나 '똑똑 수학 탐험대'와 같은 국내 개발 콘텐츠는 초등학생 수준에서 적절한 상호 작용과 학습 피드백을 제공하며, 현장에서 긍정적인 반응을 얻고 있다. 이처럼 공교육 내에서 이미 검증된 시스템을 선별적으로 통합하고, 이를 국가 주도의 코스웨어와 연결하는 방식은 보다 유연하면서도 효과적인 디지털 전환을 가능하게 할 것이다.

무엇보다 이러한 방향이 실효성을 가지기 위해서는 정책 추진의 속도보다 내용의 정교함이 더욱 중요하다. 지금까지의 추진 과정은 다소 급하게 진행된 면이 있었고, 이에 따라 현장의 혼란이나 거부감이 증폭되기도 했다. 실제 수업에서 잘 작동하는 AIDT, 교사와 학생이 모두 부담 없이 사용할 수 있는 기술 환경, 교육적으로 의미 있는 학습 경험을 제공하는 콘텐츠 설계가 이루어져야만 진정한 의미의 AI 기반 공교육이 실현될 수 있다. 대한민국의 AIDT는 세계 최초라는 수식어를 가지고 있다. 그러나 그 수식어가 목표가 되어서는 안 된다. 중요한 것은 그 기술이 학교 교육에 실질적인 가치를 더하느냐, 교사와 학생 모두에게 의미 있는 경험을 제공하느냐다. 지금까지 드러난 문제점들은 개선과 발전의 단서가 될 수 있으며, 이는 더욱 정교하고 지속 가능한 시스템으로의 고도화를 가능하게 할 것이다. 기술 중심이 아닌 교육 중심의 접근, 빠른 확산이 아닌 깊이 있는 정착, 표면적인 변화가 아닌 철학과 구조의 전환이 필요하다. 공교육 코스웨어로서의 성공은 결국 '정교함'과 '현장과의 호흡'에 달려 있다.

참고문헌

국회미래연구원(2024). "AI 디지털교과서와 미래 교육-기대와 우려 속 미래 제언".
https://www.nafi.re.kr/new/research.do?mode=view&articleNo=8996&article.offset=0&articleLimit=10

교육부(2023). "디지털 기반 교육혁신방안".
https://www.moe.go.kr/boardCnts/viewRenew.do?boardID=294&lev=0&statusYN=W&s=moe&m=020402&opType=N&boardSeq=94011

한국교육학술정보원(2023). "AI 디지털교과서 개발 가이드라인".
https://www.keris.or.kr/main/ad/pblcte/selectPblcteETCInfo.do?mi=1142&pblcteSeq=13722

08
AI 교육의 윤리적 문제와 해결 방안

AI 기술이 교육 현장에 빠르게 도입되면서 학습 효과 증진, 맞춤형 교육 실현 등 긍정적인 기대가 커지고 있다. 하지만 동시에 AI 활용에 따른 윤리적 문제, 즉 역기능에 대한 우려 또한 높아지고 있다. AI의 교육 활용 과정에서 발생할 수 있는 주요 윤리적 문제들을 네 가지 주제로 나누어 심층적으로 분석하고, 각 문제에 대한 현실적인 해결 방안과 나아가야 할 방향을 제시했다.

AI와 한의학?

편향과 차별, 그리고 무비판적 수용

AI는 학습 데이터에 내재한 편향을 그대로 학습하고 증폭할 수 있다. 과거 국내에서 발생했던 '이루다(Iruda) 서비스 중단 사례', 해외에 있었던 '마이크로소프트사의 테이(Tay) 챗봇 사례'는 AI 기술이 단순히 기술적 성능을 넘어 윤리, 사회, 법적 측면을 종합적으로 고려하여 책임감 있게 개발되고 관리되어야 함을 명확히 보여 준다.

특정 성별, 인종, 사회 · 경제적 배경, 지역 등에 대한 편견이 담긴 데이터로 학습된 AI는 교육 콘텐츠 추천, 학생 평가, 학습 경로 설계 등에서 특정 집단에 불리하거나 차별적인 결과를 초래할 수 있다. 예를 들면 AI 교육 모델이 사교육 참여율이 높은 지역의 학생 데이터를 기반으로 개발되거나, '학습 부진'의 기준을 단순히 성적 하락이나 과제 미제출 같은 정량적 데이터에만 의존하도록 설계되었다면, 창의적이지만 정형적이지 않은 방식으로 학습하는 학생, 혹은 익숙하지 않은 평가 방식 때문에 낮은 점수를 받는 특정 문화권 학생의 잠재력을 '부진'으로 잘못 판단할 수 있다. 또한, 가정 환경의 어려움으로 인해 일시적으로 학습에 어려움을 겪는 학생에게 필요한 정서적 지원 대신, 획일적인 학업 보충 프로그램만 추천할 수도 있다. 이는 AI 활용 교육이 '맞춤형 개별화 교육'이라는 그럴듯한 포장 속에, 소수 집단 학생의 다양성과 잠재력을 충분히 반영하지 못하거나 특정 학습 방식만을 강조하는 문제를 감추고 있을 수 있다는 한계점을 보여 준다. 더욱 우려스러운 점은 이러한 AI의 판단 과정이 마치 블랙박스(Black Box)와 같아서 특정 학생에게 특정 콘텐츠가 왜 추천되었는지, 혹은 특정 평가 결과가 왜 나왔는지 명확히 설명하기 어렵다는 점이다(Burrell, 2016). 이는 편향이나 차별이 발생해도 이를 인지하고 시정하기 어렵게 만든다.

국내 출판사들이 개발 · 제공하는 AI 디지털 교과서(AI Digital Textbook, AIDT)와 AI 코스웨어는 'AI 튜터', 'AI 보조 교사' 등의 이름으로 생성형 AI 기반 서비스를 경쟁적으로 도입하고 있다. 그러나 이러한 서비스는 편향되거나 환각 현상(Hallucination)으로 생성된 정보를 사용자에게 여과 없이 제공하고 있다. 이는 사용자의 비판적 사고 능력을 저해하고, 사실 확인 없이 AI 정보를 수용하게 만들어 잘못된 지식이나 가치관이 형성될 위험성을 내포하고 있다.

이와 같은 문제점을 극복하기 위해서는 먼저, AI 학습 데이터 구축 시 다양한 배경을 지닌 학습자 데이터를 균형 있게 포함하고, 데이터 편향을 줄이기 위해 수시로 데이터를 검토하여 데이터 수집 과정에서 발생할 수 있는 편향을 최소화하기 위한 노력이 필요하다. 다음으로 설명 가능한 인공지능(Explainable AI)과 같은 기술을 활용하여 AI의 결정이 어떻게 내려졌는지에 대한 설명을 학습자에게 제공해야 한다. 또 학습자에게 제공되는 콘텐츠가 AI에 의해 생성되었음을 인식할 수 있도록 경고 레이블을 사용하여 명확하게 안내한다면 학습자가 AI의 결정을 비판적으로 평가하고 더 나아가 AI 시스템에 대한 신뢰성을 높일 수 있다. 마지막으로 교사, 학생, 학부모와 같은 교육 주체들이 AI 교육 모델의 편향성과 한계를 이해하고, AI가 제공하는 결과를 비판적으로 수용할 수 있도록 관련 교육 및 연수를 강화해야 할 것이다.

자율성과 창의성의 약화

스마트폰에 전화번호를 저장하게 되면서 우리는 더 이상 주변 사람들의 번호를 외울 필요가 없어졌다. GPS 기반 내비게이션을 사용하면서 특정 장소까지 가는 길을 기억할 필요도 없어졌다. 스마트폰과 내비게이션이 제공하는 편리함은 우리가 애써 기억하느라 고민해야 하는 일들로부터 우리를 해방해 주었다. 그러나 이제는 스마트폰이 없으면 부모님 전화번호조차도 기억하기 힘들며, 내비게이션이 없으면 늘 다니던 길을 운전하면서도 왠지 모를 불안을 느끼게 된다.

AI의 활용도 마찬가지다. AI가 제시하는 정답은 사람보다 즉각적이고 명확하며, 효율적이고 압도적으로 편리하다. 따라서 사람들이 AI를 활용하는 빈도가 높아질수록, AI에 대한 의존도 역시 점점 깊어질 수밖에 없다. AI가 정답을 제시하고 학습 과정을 안내함에 따라 학습자들은 자율적으로 생각하거나 문제를 탐색하고 깊이 생각하는 과정을 생략하게 된다. AI의 편리함과 효율성은 학생들을 수동적인 학습자로 만들고 자율적 학습 능력을 약화할 수 있다.

학생들의 창의성은 종종 시행착오와 수정 과정을 통해 발전한다. 하지만, AI는 즉각적인 해결책을 제시함으로써 이러한 과정을 단축하여 학생들의 성장 기회를 박탈할 수 있다. AI가 생성한 결과물은 개인적인 통찰력과 고뇌의 결과물이 아니며, 독창성이 부족하여 획일적인 경향을 보인다. 학생들은 AI가 제시한 아이디어에 갇혀 자신만의 독창적인 생각을 발전시키기 어려워질 수도 있다. AI를 학습 도구로서가 아닌 과제 해결의 주요 수단으로 사용할 경우, 교육이 목표로 하는 인지 능력 자체를 약화할 수 있다.

이러한 역효과를 예방하면서 AI를 효과적으로 활용하기 위해서는 먼저 학생들에게 AI를 학습의 대체재가 아닌 사고의 도구로 활용하도록 강조해야 한다. 학생들이 먼저 독립적으로 창의성을 표현할 수 있도록 연습하게 하여 자신감을 강화한 다음, AI를 아이디어 구상 도구로 활용하도록 해야 한다. 그리고 목표 설정 및 아이디어 평가와 같은 중요한 작업은 여전히 인간의 참여가 크게 중요하다는 점을 강조해야 한다. 과제를 제시할 때도 명확한 학습 목표를 설정하여 인간의 창의성과 AI의 지원이 상호 보완적으로 작동해야 해결할 수 있는 과제를 제시하는 것이 좋다. 과제의 수준과 주제 또한 개별 학생의 수준과 흥미에 부합하는 맞춤화된 과제를 제시하도록 하여 과제 해결 과정에서 학생들의 주도성을 높여야 한다.

실세계 체험 감소 그리고 사회성의 약화

고대 그리스의 철학자 아리스토텔레스(Aristotle)는 "우리가 어떤 일을 하기 전에 배워야 하는 것들은, 실제로 그 일을 해 보는 것을 통해 배운다"라고 했으며, 데이비드 콜브(David A. Kolb)는 "학습이란 경험을 변형시킴으로써 지식이 창조되는 과정이다"라고 말했다. 이처럼 고대부터 현대에 이르기까지 많은 학자는 직접 경험하고 실천하는 과정이 진짜 학습으로 이어진다는 점을 강조했다.

하지만 최근에 이르러 AI 기반의 가상현실(VR), 증강현실(AR) 체험이나 시뮬레이션 학습이 증가하면서 실제 자연환경을 관찰하거나 실험 도구를 직접 만지고 조작하거나 역사적 장소를 방문하는 등 오감을 통한 구체적인 체험 기회는 오히려 줄고 있다. 이와 같은 변화는 학습이 실제 세계와 동떨어진 지식 습득에 머무르게 하거나 학습자들이 실제 문제에 공감하고 해결하려는 태도를 약화할 수 있다는 우려를 낳고 있다.

AI 튜터나 챗봇과의 상호 작용 시간이 늘어나면서 교사와 학생, 학생과 학생 간의 직접적인 대면 소통 기회가 줄어들 수 있다. 이는 공감 능력, 협업 능력, 갈등 해결 능력 등 사회성 발달에 부정적인 영향을 미칠 수 있는데, 실제 교실에서도 AIDT나 AI 코스웨어를 활용한 수업에서는 학생들이 전통적인 수업 방식에 비해 서로 간의 소통은 줄어들고, 스마트 기기 속 AI의 지시나 반응에만 집중하는 모습을 뚜렷하게 확인할 수 있었다. 특히 AI는 지식 전달에는 효율적이나, 학생들의 미묘한 감정을 읽고 공감하며 정서적 지지를 제공하는 데 한계가 있으며, AI

활용 학습에 과도하게 의존하다 보면 교사와 친구들과의 인간적인 유대감 형성이 어려워질 수 있다.

이와 같은 문제점을 극복하기 위해서 다음과 같은 대안을 고민해 볼 수 있다. 먼저 AI 활용 학습과 토론 및 팀 프로젝트와 같은 대면 활동, AI 시뮬레이션 활동과 실험 및 실습 등과 같은 실제 체험활동 등을 균형 있게 결합하는 블렌디드 러닝(Blended Learning)을 통해 AI 기반 학습으로 기울어진 교육 환경을 균형 있게 조절할 수 있다. 이때, 교사의 역할이 중요한데, 교사는 학생들의 사회 정서적 발달을 지원하고, 개별 상담, 멘토링, 상호 작용 촉진 등 인간적인 교류에 더 집중해야 하며 AI를 실제 체험을 '대체'하는 것이 아니라 '보완'하거나 '심화'하는 도구로 활용함을 학생들에게 강조해야 한다.

디지털 격차와 교육 불평등

AI 기술의 발전은 교육에 새로운 가능성을 열어 주고 있다. AI 튜터, 지능형 학습 플랫폼, 맞춤형 학습 경로 등은 학습자의 수준과 속도에 맞춘 개인화 교육을 가능하게 한다. 이러한 변화는 교육의 혁신이라 불릴 만큼 매력적인 미래를 제시한다. 그러나 한편으로는 새로운 형태의 교육 불평등, 즉 디지털 격차에 대한 우려도 커지고 있다.

디지털 격차란 단순히 인터넷 연결의 여부를 넘어, AI 학습 도구, 플랫폼, 관련 지식에 접근할 수 있는 능력 전반의 차이를 의미한다. 특히 저소득층 가정이나 농촌 지역, 소외 계층의 학생들은 안정적인 인터넷 환경이나 AI 학습 도구를 충분히 갖추지 못한 경우가 많다. 이들은 AI 교육이 제공하는 혜택을 온전히 누리기 어렵고, 점점 더 교육에서 소외될 위험에 처해 있다. 이러한 격차는 교육 현장에서 이미 감지되고 있다. 예를 들어, 디지털 학습이 활발한 지역의 학생들은 다양한 온라인 학습 자료에 쉽게 접근하고, AI의 도움으로 더 깊이 있는 학습을 경험할 수 있다. 반면 디지털 인프라가 부족하거나 AI 기반 교육을 할 수 있는 역량을 지닌 교사가 부족한 지역의 학생들은 여전히 제한된 자료와 환경 속에서 학습해야 한다. 이에 따라 학생 간 학업 성취의 격차는 더욱 벌어지고, 시간이 지날수록 교육 기회의 불균형은 심화한다. 더욱 우려스러운 점은 이 문제가 교육에서 그치지 않는다는 점이다. 장기적으로는 AI 기반의 노동 시장에서의 경쟁력 차이로 이어질 수 있고, 소득 불평등을 더 고착시킬 수 있다는 점에서 더 깊은 고민이 필요하다.

AI 기술 도입으로 인한 교육의 질과 방식에 큰 변화가 모두에게 이롭게 작용하기 위해서는 디지털 격차로 인한 불평등을 해소하려는 적극적인 노력이 필요하다. 무엇보다 중요한 것은 모든 학생이 AI 기반 교육에 접근할 수 있는 환경을 마련하는 일이다. 이를 위해 학교와 지역사회에 안정적인 인터넷망이 설치되고, 스마트 기기가 충분히 보급되어야 하며, 인프라들이 잘 운영될 수 있도록 지속적으로 관리되어야 한다. 기술은 누구에게나 열려 있어야 하며, 그 기본적인 접근권부터 보장받아야 한다.

또한 정부와 공공기관이 중심이 되어 양질의 AI 교육 콘텐츠와 플랫폼을 개발하고 보급하는 것이 필요하다. 이러한 콘텐츠는 정규 교육과정 속에 통합되어야 하며, 학생들이 AI를 비롯한 다양한 디지털 기술을 실제로 활용할 수 있는 능력을 체계적으로 키워 나갈 수 있도록 지원해야 한다. 이 과정에서 교사와 학부모 역시 디지털 교육에 대한 충분한 이해와 역량을 갖출 수 있도록 교육과 연수가 병행되어야 한다.

특히, 저소득층과 소외 계층 학생들에게 발생할 수 있는 디지털 격차 문제는 지속적으로 모니터링되어야 한다. 단발적인 지원으로는 충분하지 않으며, 사회적 합의와 정책적 지원을 통해 꾸준하고 장기적인 대책이 마련

되어야 한다. 기술 기반 교육이 소수를 위한 것이 아니라, 모든 학생이 함께 성장할 수 있는 기반이 되도록 만드는 것이 우리 모두의 과제다.

AI 교육은 편향과 차별, 학생들의 자율성과 창의성 약화, 사회 정서적 상호 작용 감소, 디지털 격차 심화, AI 생성 콘텐츠에 대한 무비판적 수용, 실제 세계 체험 감소, AI 생성 콘텐츠의 윤리적 문제를 포함한 다양한 윤리적 난제를 안고 있다. 이러한 문제점들을 해결하고 AI를 교육적으로 긍정적인 방향으로 활용하기 위해서는 교육 현장과 정책 수립 차원에서의 지속적인 관심과 노력이 필요하다.

AI 교육의 윤리적 문제를 해결하기 위해서는 기술 개발, 교육 방법 개선, 정책 및 규제 마련 등 다각적인 접근 방식이 요구된다. 교육자들은 AI의 잠재적인 위험성을 인지하고 학생들의 비판적 사고 능력과 윤리적 판단력을 함양하는 데 주력해야 하며, 정책 결정자들은 공정하고 포용적인 AI 교육 환경 조성을 위한 명확한 지침과 규제 방안을 마련해야 한다. AI 기술의 발전 속도는 매우 빠르므로, 교육계는 이러한 변화에 발맞춰 지속적으로 윤리적 문제에 대한 논의를 진행하고, 학생들에게 미래 사회에 필요한 역량을 효과적으로 제공할 수 있도록 노력해야 할 것이다.

참고문헌

Burrell, J.(2016). How the machine 'thinks': Understanding opacity in machine learning algorithms. *Big Data & Society, 3*(1).

Kolb, D. A.(1984). *Experiential Learning: Experience as the Source of Learning and Development.* Prentice Hall.

09
AI 시대 교사의 역할 변화

언제부턴가 교실의 풍경이 달라지기 시작했다. 교탁 위 분필 대신 노트북이 놓이고, 손을 들고 질문하던 아이들은 이제 화면 속 인공지능에게 말을 건다. AI는 조용히, 그러나 강력하게 교실 속 모습을 바꾸고 있다. 정보를 전달하는 방식, 학생을 평가하는 기준, 교사와 학생의 관계까지 모두가 재정의되는 이 시점에서, 우리는 질문해야 한다. '교육은 무엇을 향해 가고 있는가?' 그리고 'AI 시대의 교육 속에서 교사는 어떤 존재로 남아야 하는가?'

AI와 화장품?

AI 시대의 도래와 교육 환경의 변화

AI 시대가 본격적으로 도래하면서 교육 환경도 급격히 변화하고 있다. 인공지능 기술은 정보 제공, 데이터 분석, 평가 자동화 등 다양한 방식으로 교육 현장에 도입되며, 기존의 교육 방식에 도전장을 내밀고 있다. 학생들의 학습 데이터를 기반으로 개인 맞춤형 학습 경로를 제시하거나 AI 챗봇을 활용해 질문에 실시간으로 답변하는 시스템이 대표적인 예다.

팬데믹을 거치며 온라인 학습이 급속히 확산이 된 것도 AI 기반 교육 환경 변화의 촉매제 역할을 했다. 구글 클래스룸, 네이버 웨일스페이스 등 다양한 협업 도구와 AI 기술을 결합하면서 학습 자료 추천, 학습 진단, 개별 피드백 제공 등 다양한 맞춤형 서비스를 할 수 있게 됐다. 이러한 변화는 학습의 시간적 · 공간적 제약을 극복하게 해 주었으며, 학생들은 더 이상 똑같은 학습 자료를 일률적으로 제공받는 것이 아닌, 자신의 수준과 속도에 맞춰 학습할 수 있게 되었다.

최근 교육부는 '과학 · 수학 · 정보 · 융합(STEAM) 교육 종합계획'을 발표하며 AI 기술을 교육 현장에 적극 도입하고 있다. 이 계획은 학생 맞춤형 학습 경로 제공, 온라인 학습 플랫폼 구축, AI 윤리 교육 강화 등을 주요 목표로 삼고 있다. 이와 더불어 여러 시 · 교육청에서는 AI 기반 학습 분석 도구를 적용하여 학생 개개인의 학습 진도를 실시간으로 파악하고 부족한 부분을 보완하는 시스템을 구축 중이다.

AI 기반 학습 분석 시스템은 학생들의 학습 패턴을 분석하여 강점과 약점을 파악하고, 적절한 학습 전략을 제시하는 데 큰 역할을 하고 있다. 예를 들어, 학생이 특정 개념에 대해 계속하여 잘못 이해하는 경우, 해당 개념에 대한 추가 학습 자료를 추천하거나 보충 설명을 제공하는 방식이다. 또한, AI 기술을 활용한 자동 채점 시스템은 교사의 부담을 줄여 주며 신속하고 일관된 평가를 가능하게 한다.

하지만 이러한 변화는 단순히 기술의 발전에 따른 편리함을 넘어 교육 패러다임의 근본적인 변화를 요구하고 있다. 기존의 지식 전달 중심 교육에서 벗어나, 학생 개개인의 특성과 요구를 반영한 개인화 학습으로의 전환이 필요하다. 동시에 기술에 의존하는 교육 방식이 가져올 수 있는 윤리적 문제와 디지털 격차 문제 등도 함께 고려하여야 한다.

결국, AI 시대의 교육 환경 변화는 교사에게 새로운 역할을 요구하는 동시에 교육의 본질을 다시금 돌아보게 만든다. 단순한 지식 전달자가 아닌, 학습자 개개인의 특성을 이해하고 이를 기반으로 효과적인 학습 경로를 제시하는 조력자 역할로의 전환이 필요하다. 이러한 변화 속에서 교사가 어떤 역할을 수행해야 할지, 그리고 어떤 역량을 갖춰야 할지에 대한 고민이 필요한 시점이다.

전통적인 교사 역할과 변화의 필요성

전통적으로 교사는 지식의 전달자이자 평가자의 역할을 담당해 왔다. 교과서와 강의를 통해 학생들에게 정보를 전달하고, 시험으로 학습 성취도를 평가하는 방식의 수업이 주를 이뤘다. 이 과정에서 교사의 역할은 주로 일방적인 지식 전달과 학습 결과에 대한 평가로 제한되었다.

하지만 AI 기술의 발전은 이러한 교사의 역할에 근본적인 질문을 던지고 있다. 인공지능 기술이 지식의 전달과 평가의 일부를 대신할 수 있게 되면서, 기존 교사의 역할에 대한 재고가 필요해진 것이다. 예를 들어 AI 코스웨어 등 인공지능 기반 학습 분석 시스템은 학생 개개인의 학습 데이터를 분석하여 강점과 약점을 파악해 맞춤형 학습을 도울 수 있고, 지식 전달 측면에서도 AI 챗봇이나 온라인 콘텐츠를 통해 학생들이 필요로 하는 지식을 신속하게 제공해 줄 수 있다.

반면에 이러한 기술의 발전은 교사 역할의 일부를 대체하기도 하지만, 동시에 새로운 역할을 요구한다. AI 기술은 방대한 데이터를 처리하고 분석하는 데 뛰어나지만, 학생 개개인의 심리적 상태나 정서적 요구를 파악하는 데는 한계가 있다. 또한, 학습 과정에서 창의적 사고와 문제 해결 능력을 기르는 등 좀 더 고차원적인 사고를 할 수 있도록 학습을 설계하는 역할은 여전히 교사의 중요한 역할로 남아 있다.

결국, AI 시대의 교사 역할 변화는 필연적인 과정이며, 교사는 이를 적극적으로 수용하고 새로운 역할을 탐구하는 자세가 필요하다. 이제 교사는 지식 전달자 위치에서 벗어나 학습 코디네이터, 멘토, 창의성 촉진자 등의 새로운 역할을 수행할 필요가 있다. AI 기술을 활용하는 방법을 배우고 이를 교육적으로 활용하는 역량도 갖추어야 한다. 이러한 과정에서는 교사의 역할이 그 어느 때보다도 중요하며, 교육 전문가로서 전문성이 요구된다.

AI 시대의 새로운 교사 역할

AI의 등장은 교사에게 새로운 역할을 요구하고 있다. AI가 정보 제공과 학습 분석에서 뛰어난 성능을 보이면서, 교사는 AI를 활용하면서도 인간만이 할 수 있는 역할을 중심으로 새로운 역할을 모색할 필요가 있다. 경제개발협력기구(OECD)에서 발행한 2024년 교육 정책 전망(Education Policy Outlook 2024)에서는 AI 시대의 교육 환경에서 교사가 수행해야 할 역할이 단순한 수업 진행을 넘어서 교육의 핵심 설계자이자 촉진자가 되어야 함을 강조한다. 이러한 기술 발전과 교육 패러다임의 전환은 교사에게 다중적이며 고도화된 역할을 요구하고 있으며, 나아가 교사 전문성의 본질적 변화로 이어지고 있다. 그렇다면 AI 시대에 교사는 어떠한 역할이 필요할까?

첫째, 데이터를 기반으로 한 수업 설계자의 역할이 요구된다. AI 기반 학습 플랫폼은 학생 개개인의 학습 이력, 반응 시간, 오답 유형, 정서 반응 등을 실시간으로 수집하고 분석할 수 있다. 교사는 이러한 데이터를 바탕으로 학습자의 수준을 진단하고, 개별 맞춤형으로 수업을 구성해야 한다. 예를 들어, 특정 개념에서 오답을 반복하는 학생에게는 보충 수업을 제공하고, 수업 내용을 잘 이해하는 학생에게는 심화 과제를 부여하는 방식이다. 이처럼 AI가 제공한 정보를 교육적으로 재해석하는 능력이 교사의 핵심 역량으로 부상하고 있다.

둘째, 고차원적인 사고 촉진자의 역할을 강화해야 한

다. AI는 방대한 정보를 빠르게 제공할 수 있지만, 창의성과 비판적 사고 능력과 같은 높은 수준의 사고력을 직접적으로 길러 줄 수는 없다. 따라서 교사는 프로젝트 기반 학습(Project-Based Learning, PBL)이나 융합 교육(Science, Technology, Engineering, Arts & Mathematics, STEAM)과 같은 수업 방식을 활용하여 학생들이 스스로 문제를 정의하고 끊임없이 질문하며, 다양한 해결 방법을 탐색할 수 있는 환경을 조성해야 한다. 이러한 활동을 통해 학생들이 지식을 단순히 암기하는 수준을 넘어, 새로운 아이디어를 도출하고 협업을 통해 문제를 해결하는 역량을 기를 수 있다.

셋째, 윤리적 가이드의 역할이 필요하다. AI 기술이 발전하면서 데이터 사용의 윤리성, AI 알고리즘의 편향성, 개인 정보 보호 등의 문제가 함께 대두되고 있다. 교사는 학생들에게 AI 기술의 활용뿐만 아니라 그에 따르는 윤리적 문제도 함께 가르쳐야 한다. 특히 디지털 환경에서 올바른 정보 활용 방법과 책임감 있는 태도를 기르는 것은 교사에게 중요한 교육 과제다.

넷째, 심리적 · 정서적 멘토의 역할이 중요하다. 기술이 아무리 정교해져도 학생의 감정을 읽고 공감해 주며 학습 동기를 부여하는 일은 여전히 인간의 고유한 영역이다. AI는 학생의 표면적 행동은 분석할 수 있지만, 내면의 문제나 심리적 원인까지는 이해할 수 없다. 교사만이 학생 개개인의 삶의 맥락을 전반적으로 이해하고, 학습 부진이나 스트레스를 겪는 학생에게 정서적으로 지지를 보낼 수 있다. 이는 학생의 전인적 성장에 꼭 필요할 뿐만 아니라 사람만이 할 수 있는 교육의 본질적 역할이다.

AI 시대의 교사는 더 이상 정답을 알려 주는 존재가 아니다. 오히려 정답 너머의 질문을 던지게 하고, 배움의 의미를 찾도록 이끄는 존재로 거듭나야 한다. 이제 학생들 곁에서 학습 여정을 함께 고민하고 이끌어 주는 길잡이로서, 한 사람 한 사람의 가능성에 귀 기울이고 성장의 속도를 함께 조율하는 섬세함이 필요하다. 기술은 빠르게 발전하지만, 아이들의 마음을 이해하고 진정으로 변화의 길을 함께 걸어 줄 수 있는 존재는 오직 사람, 바로 교사뿐이다.

AI 시대, 교사는 어디로 가야 하는가

AI는 이미 우리 삶 곳곳에 깊숙이 들어와 있으며, 교육도 예외는 아니다. 교실에서는 AI 도구를 활용한 학습이 자연스럽게 이뤄지고 있고, 학생들은 디지털 네이티브로서 기술에 친숙하게 반응하고 있다. 이런 시대에 교사는 과연 어떤 존재로 남아야 할까?

우리는 종종 AI가 교사의 자리를 대체할 것이라는 우려를 마주한다. 하지만 이는 기술의 본질을 오해한 것이다. AI는 분명 교사의 일부 역할을 보완하고, 효율을 높이는 수단이지만, 교육의 핵심은 인간과 인간 사이의 상호 작용에 있다. 공감, 격려, 직관, 윤리적 판단, 상황 맥락을 읽는 능력 등은 AI가 모방하기 어려운 인간 고유의 역량이다.

AI 시대의 교사는 새로운 도전에 직면해 있다. 정보 제공자에서 학습 안내자, 수업 설계자, 데이터 해석자, 학생 삶의 멘토로 그 역할이 변하고 있다. 이러한 변화는 교사에게 더 많은 전문성을 요구하지만, 동시에 교사의 존재 가치를 더 분명하게 만들어 준다. AI가 대체할 수 없는 고유한 교육 활동을 통해, 교사는 미래 사회에서 더욱 중요한 역할을 맡게 될 것이다. 교사가 주도적으로 기술을 활용하고, 인간 중심의 교육을 재정립하는 중심에 선다면, 우리는 AI와 공존하는 풍요로운 교육의 미래를 만들어 갈 수 있다. 이제 교사는 더 이상 변화에 적응하는 존재가 아니라, 변화를 설계하고 이끄는 존재가 되어야 한다.

참고문헌

교육부(2024). "과학·수학·정보·융합(STEAM) 교육 종합계획(2025~2029)". https://www.moe.go.kr/boardCnts/viewRenew.do?boardID=294&lev=0&statusYN=W&s=moe&m=020402&opType=N&boardSeq=80718

OECD(2023). Digital Education Outlook 2003: Towards an Effective Digital Education Ecosystem. https://www.oecd.org/en/publications/oecd-digital-education-outlook-2023_c74f03de-en/full-report.html

10
AI 기술과 교육의 융합: 미래의 전망

초등 교육 현장에 AI 코스웨어가 도입되면서, 교육 방식에 큰 변화가 시작되고 있다. 교실에서 시작된 작은 변화는 학교 전체, 나아가 교육 시스템 전반으로 확산하며 새로운 교육 환경을 만들어 갈 것으로 기대된다. AI 코스웨어가 그려 나갈 초등 교육의 미래와 이를 지속적으로 발전시키기 위한 조건들을 함께 살펴본다.

종교와 AI?

AI 코스웨어의 전면 확산과 새로운 교육 환경

정부의 디지털 교육 전환 정책에 따라 교육 현장에서 AI 코스웨어의 활용은 점차 확대될 전망이다. 앞서 7장에서 살펴본 바와 같이, 이러한 확산에는 기술적 안정성 확보, 학교 현장의 의견 반영, 사회적 합의 형성 등 해결해야 할 과제들도 함께 따른다. 이러한 조건들이 충족된다면 AI 코스웨어는 단순히 수업을 도와주는 도구에 그치지 않고 교육 생태계 전반에 영향을 미치는 핵심 요소로 자리 잡을 수 있다.

특히 주목해야 할 부분은 교육 참여자 간 관계의 재정립이다. 교사가 가르치고 학생이 배우는 기존의 한 방향 구조에서 벗어나 교사와 학생, 그리고 AI가 서로 돕는 '학습 공동체'로 발전해 나가게 된다.

이러한 공동체의 성장은 교육 공간의 확장으로도 이어진다. AI 코스웨어를 활용하면 학교와 가정이 하나의 학습 네트워크로 연결되며, 학생은 언제 어디서나 학습을 이어 갈 수 있다. 이는 학부모의 교육 참여를 높이고 학교와 가정이 함께 교육을 책임지는 구조를 만드는 데 이바지한다.

결국 이러한 변화는 학교 운영 방식의 재구성을 요구한다. 현재의 교육 시스템이 산업화 시대의 필요에 따라 설계된 것이라면, 앞으로의 AI 시대에는 전혀 다른 원리와 구조가 필요하기 때문이다.

미래 학교의 모습: 유연한 조직과 운영

AI 코스웨어의 도입은 학교의 물리적 공간부터 시간 운영 방식까지, 전반적인 학교 구조에 변화를 불러올 것으로 보인다. 가장 먼저 변화가 기대되는 부분은 학급과 학년 운영 방식이다. 현재는 교육과정 체계와 시설의 제약으로 나이를 기준으로 반을 편성하고 있지만, 앞으로는 학습 속도나 관심사에 따라 유연한 구성도 가능해질 전망이다. 이를 통해 나이가 다른 학생이 함께 활동하거나, 같은 학년이라도 각자의 수준에 맞는 내용을 배우는 모습이 자연스러워질 수 있다.

정해진 교시 중심의 시간표 역시 달라질 가능성이 있다. AI가 학생 개개인의 집중도와 학습 효율을 분석해 개인 맞춤형 시간표를 제안할 수 있기 때문이다. 핀란드의 개별화 교육과정이나 싱가포르의 AI 기반 학습 분석 사례처럼 학생은 자신의 학습 리듬에 맞춰 공부하며 불필요한 스트레스와 시간 낭비를 줄일 수 있다.

또한 AI 코스웨어는 교사가 모든 학생을 동시에 가르쳐야 하는 부담을 덜어 주어, 학교 공간을 보다 유연하고 다양하게 활용할 가능성을 넓혀 준다. AI가 기초 학습을 일대일로 지원하는 동안, 교사는 학생들이 더 깊이 있는 활동에 집중할 수 있도록 돕는 역할을 맡게 된다. 이에 따라 기존의 획일적인 교실 구조에서 벗어나 다양한 목적에 맞춘 공간들이 필요해진다. 예를 들어 AI 튜터와 함께 조용히 집중하는 '개인 학습 공간', 친구들과 머리를 맞대고 토론하는 '개방형 협업 공간', 상상한 것을 직접 만들어 보는 '창작 공간', 휴식과 성찰을 위한 '여유 공간' 등이 학교 내에서 유기적으로 연결되어 입체적이고 풍부한 학습 경험을 제공할 수 있다.

평가 방식에도 변화가 예상된다. 한두 번의 시험 결과가 아닌, AI 코스웨어에 축적된 학습 데이터를 바탕으로 학생의 성장 과정을 종합적으로 파악하는 포트폴리오형 평가가 중심이 될 가능성이 크다. 이에 따라 진급이나 졸업 기준도 더 유연하게 운영될 수 있다.

이러한 구조적 변화는 단순히 학교 운영의 효율을 높이는 데 그치지 않고 급변하는 미래 사회에 적응할 수 있는 인재를 기르기 위한 근본적인 교육 혁신으로 이어져야 한다. 이를 위해 미래 인재상과 교육 목표에 대한 재정립이 필수적이다.

미래 인재의 역량과 새로운 교육 목표

2040년대 사회를 살아갈 우리 아이들에게는 지금과는 다른 새로운 능력이 요구된다. AI 시대에 인간의 고유한 가치와 역할이 재조명되고 있기 때문이다. 2022 개정 교육과정이 제시한 여섯 가지 핵심 역량을 바탕으로, 미래 사회에서 중요하게 요구되는 역량은 다음 네 가지로 정리할 수 있다.

첫째, '융합적 사고력'이다. AI가 개별 분야에서는 뛰어난 성능을 보이지만, 서로 다른 분야의 지식을 창의적으로 연결하여 새로운 가치를 만드는 것은 여전히 인간의 고유 영역이다. 융합적 사고력은 서로 다른 분야의 지식, 기술, 관점을 연결하고 통합하여 AI만으로는 도달하기 어려운 새로운 아이디어나 해결책을 만들어 내는 데 필수적인 역량이다.

둘째, '예측 불가능한 변화에 유연하게 대처하는 능력'이다. AI 기술이 발전할수록 사회 변화는 더욱 빠르고 복잡해진다. 이러한 환경에서는 정해진 답을 구하는 것보다 낯선 상황에 빠르게 적응하고 스스로 문제를 찾아 다양한 방식으로 해결하려는 태도가 중요한 역량이 된다.

셋째, '공감 능력과 사회성'이다. AI는 정보를 잘 다루지만, 사람의 감정을 깊이 이해하고 공감하는 데는 한계가 있다. AI와의 소통이 늘어나면서 직접적인 인간관계가 줄어들 수 있는 만큼, 다양한 배경의 사람들과 소통하고 협력하며 갈등을 해결하는 능력이 더욱 중요해진다.

넷째, '평생 학습 역량'이다. 기술과 직업의 변화 속도가 빨라지면서 한 번 배운 지식만으로는 부족한 상황이 생기게 된다. 끊임없이 새로운 것을 배우고 적응하며 자신을 발전시키는 평생 학습 능력이 미래를 살아가기 위한 기본 조건이 된다.

이러한 미래 역량은 단순히 지식을 전달하는 교육만으로는 기르기 어렵다. 학생들이 주도적으로 탐구하고, 다양한 문제에 도전하며, 협력적으로 해결책을 찾아 가는 경험이 축적되어야 비로소 미래 사회에 필요한 역량으로 발전할 수 있다. 따라서 교육의 초점을 지식 전달에서 경험 축적으로 전환하는 근본적인 변화가 필요하다.

한국형 AI 교육 모델과 국가 경쟁력

세계 여러 나라가 AI 교육에 큰 관심을 쏟으며 저마다의 교육 모델을 만들고 있는 지금, 교육 분야에서 세계적인 경쟁력을 갖추려면 우리만의 특별한 국가 전략이 필요하다.

우리나라는 세계 최고 수준의 정보통신기술(ICT) 환

경과 높은 교육열 등 AI 교육을 위한 유리한 조건들을 보유하고 있다. 뛰어난 인터넷망과 스마트 기기 보급률은 AI 교육을 위한 기반 환경을 제공하고, 자녀 교육에 대한 학부모들의 높은 관심과 투자는 AI 교육이 우리 사회에 뿌리내리는 데 강력한 기반이 된다. 여기에 세계적으로 인정받는 교사들의 전문성과 학생들의 높은 학습 의욕까지 더해져 최적의 조건을 갖추었다.

한국형 AI 교육 모델이 지향해야 할 방향을 살펴보면 다음과 같다. 그 핵심은 '함께 성장하는 맞춤형 교육'에서 찾을 수 있다. 구체적으로는 1단계에서 AI 기반 개별 진단을, 2단계에서 모둠별 협력 학습을, 3단계에서 학급 전체의 성장을 지원하는 단계적 접근이다. 이는 개인의 성장을 우선하는 서구의 교육 방식과는 다른 접근이다. AI를 통해 학생 한 명 한 명에게는 꼭 맞는 교육을 제공하면서도, 그 성장이 개인에게만 머물지 않고 우리 학급과 학교, 나아가 사회 전체의 발전으로 이어지도록 돕는 것이다. 이것이 바로 우리 교육 문화의 강점을 살린 한국형 모델의 핵심이다.

또한 이러한 모델을 바탕으로 세계 무대에서 AI 교육을 이끄는 주도적인 역할을 해야 한다. 우리가 먼저 쌓은 성공적인 경험과 결과를 바탕으로 여러 국제기구나 다른 나라와 힘을 합치고, 세계적인 AI 교육 정책을 만드는 데 우리의 목소리를 높여야 한다. 이는 한국 교육의 우수성을 널리 알리는 길이자, 우리나라의 교육 기술과 산업이 세계로 뻗어 나가는 견고한 기반을 구축할 수 있다. 이러한 국가 전략이 실현되려면 꾸준한 투자와 체계적인 실행 계획이 뒷받침되어야 한다.

지속 가능한 발전을 위한 투자와 협력

AI 기술과 교육 환경은 계속해서 빠르게 변한다. 따라서 관련 투자는 한 번으로 끝낼 것이 아니라, 변화에 맞춰 꾸준히 이어지는 방식이어야 한다. 최신 기술도 몇 년 후에는 낡은 것이 될 수 있으므로 일회성 투자가 아닌 기술 변화에 맞춘 지속적인 투자 방식이 필요하다.

무엇보다 중앙 정부, 교육청, 민간 기업이 효율적으로 역할을 나누고 힘을 합쳐야 한다. 중앙 정부는 국가 차원의 큰 그림을 그리고 대규모 기반 시설을 구축하는 역할을 맡는다. 교육청은 각 지역의 특성에 맞는 세부적인 실행 계획을 세우고 현장을 지원한다. 민간 기업은 혁신적인 교육 기술을 개발하고 다채로운 콘텐츠를 만들어 교육의 질을 높이는 데 이바지한다. 이러한 협력 체계는 중복 투자를 막고 각자의 장점을 최대한 살리는 좋은 방법이다.

AI 교육의 성공은 결국 이를 실행하는 사람의 역량에 달려 있다. 따라서 교사뿐만 아니라 교육 행정가, 정책을 만드는 사람, 기술 지원 인력까지 교육에 관련된 모든 구성원이 AI 시대에 맞는 전문성을 갖출 수 있도록 체계적으로 지원하는 것이 중요하다. 특히 빠르게 변하는 기술 환경에 뒤처지지 않도록 이들이 계속해서 배우고 성장할 수 있는 학습 체계를 갖추는 일 또한 빼놓을 수 없다.

교육의 성과를 꾸준히 확인하고 그 결과를 정책에 다시 반영하는 시스템 역시 필수적이다. AI 교육의 효과는 단기간에 나타나기 어렵기 때문에 장기적인 관점에서 학생의 성장과 교육의 질 변화 등을 종합적으로 평가하는 통찰이 필요하다. 숫자로 나타나는 지표와 함께 과정 중심의 평가를 균형 있게 활용하여 정책과 프로그램을 꾸준히 개선해 나가야 한다.

예상치 못한 위험에 대비하는 관리 체계를 갖추는 것도 빼놓을 수 없는 과제다. 기술 발전이 생각과 다른 방향으로 흐르거나 경제적 상황이 바뀌는 등 여러 불확실한 상황에 대응할 수 있는 유연한 방안을 미리 준비해야 한다. 특히 AI 기술의 부작용에 대비한 안전장치를 마련하는 일은 무엇보다 중요하다.

이 모든 과제를 종합해 볼 때, AI 교육의 성공은 기술의 완성도만큼이나 이를 둘러싼 사회적 공감대와 꾸준한 관심에 달려 있다. 교육에 참여하는 우리 모두가 변화를 두려워하지 않고 함께 힘을 모을 때, 진정한 교육 혁신이 가능해진다. AI는 교육을 더욱 인간답게 만드는 유용한 도구가 되어야 하며 기술의 발전과 교육의 본질적인 가치가 조화를 이루도록 지혜를 모아야 한다.

참고문헌

박정호(2024). "지속가능발전목표 연계 인공지능 교육프로그램 개발 및 적용". 《에듀테인먼트연구》, 6(1), 1~11쪽.

홍희경(2025). "AI 디지털교과서의 도입과 대학 교육생태계의 변화 및 과제". 《콘텐츠와산업》, 7(1), 187~193쪽.

최우현

AI 코스웨어와 에듀테크 기반 수업 혁신을 실천하며 교육 디지털 전환을 이끌어 온 초등교사다. 광주교육대학교 교육학 석사(논문: "초등 SW교육을 위한 SENS-UP 모형 개발") 학위를 취득했다. 교육정보화연구대회, 광주광역시교육청 정보대상 우수상 등 다수의 상과 교육부장관 표창을 3회 수상했다. 스마트교육 중앙선도교원, AIEDAP 기획단 및 마스터교원, 지식샘터 강사로 활동해 왔다.

최철웅

광주교육연구정보원 교육연구사로 광주교육대학교 수학교육과를 졸업, 동 대학원 초등수학과 석사 학위를 받고, 전남대학교 교육대학원 AI 융합교육 석사 학위를 받았다. AIEDAP 전문가 위원 및 마스터 교원, 광주교육 정책연구센터 현직 연구원, AI 미래교육 현장지원단 및 디지털 기반 교육 혁신 선도 교사 등으로 활동하며 교육 현장에서 AI·SW교육 확산을 위해 노력하였고, 이를 통해 교원양성연수업무(교원디지털 역량강화) 부총리 겸 교육부장관상을 수상했다. 주요 연구 분야는 AI 융합교육으로 "2015 개정 초등수학 교사용 지도서에 제시된 수학 교과 역량 분석", "2015 개정 초등 실과 소프트웨어 교육 내용 분석을 통한 2022 개정 초등 소프트웨어 교육 제안" 등의 논문을 발표했다.

맹준오

광주광역시 초등학교에서 근무하는 16년 차 교사로 광주교육대학교 미술교육과를 졸업하고 현재 조선대학교 교육대학원 AI 융합교육과에 재학 중이다. 디지털 교과서 활용 연구학교 주무로 일하며 디지털 교과서 개발 및 활용 부총리 겸 교육부장관상을 수상했다. 광주광역시교육청 정보화 역기능 예방 교육 자료 제작 위원, 교육과정평가원 디지털 교과서 검정 기초조사 연수 심의회 기술위원, 광주광역시 초등 미디어 교육 연수 강사 및 AI 광주 미래 교육 현장지원단 강사, 광주광역시 디지털 기반 교육 혁신 교원 연수 강사 등 교육 현장에서 정보화 교육 확산을 위해 노력하고 있다.

김가람

광주광역시 초등학교에서 근무하는 17년 차 교사로 광주교육대학교 과학교육과를 졸업하고 동대학원 초등과학교육과 석사 과정을 마쳤다. AI 광주미래교육 현장지원단, 디지털 기반 교육 혁신 연수 강사, 광주교육정책연구센터 현직연구원으로 활동하며 다수의 연수 및 컨설팅 활동에 참여했다. AI 교육 선도학교 및 AI 정보영재학급 거점학교를 운영하며 정보 교육 유공 교육부장관 표창을 수상했고, 인공지능 기반 교수 학습 플랫폼 광주 아이온 구축을 위한 TF 위원으로 참여했다. 교육 현장에서 학생 중심의 미래 교육 실현을 위한 연구와 실천을 이어가고 있다.

김관태

광주광역시 초등학교에서 근무하는 17년 차 교사다. AI·SW 교육에 관한 관심과 전문성을 바탕으로 교육부, 광주·전남교육청, 한국과학창의재단 등에서 연수 및 컨설팅 활동에 참여해 왔다. 스마트교육 지원단, SW 교육지원단, 원격 수업 지원단 등의 활동 경험을 바탕으로 현재는 AIEDAP 강사, AIDT 교원 양성 교육 강사, AI 미래 교육 지원단 강사, 찾아가는 학교 컨설팅 위원 등으로 활동하고 있다. AI·SW 실천 사례 발표대회, AI·SW 수업 활용 사례 공모전, AI 활용 교과 아이디어 공모전, 창의 융합 교육 사례 발표 대회 등에서 표창을 받은 바 있다.

심원지

광주광역시 초등학교에서 근무하는 8년 차 교사로 광주교육대학교에서 영어교육을 전공했다. 광주광역시 교육연구정보원 초등 인공지능 교육 및 에듀테크 전문가 과정 강사, AI 광주미래교육 현장지원단, AIEDAP 마스터교원, AIDT 교원 양성 교육 강사, 찾아가는 학교 컨설팅 코디 등의 활동을 하며 교육 현장에서 AI·SW교육 확산을 위해 노력하고 있다. 또한 개인 블로그를 통해 수업 아이디어와 실천 사례를 공유하고 있다. 저서로는 《초등학생을 위한 캔바 무작정 따라하기》(2024)가 있다.